DENDENNIS AMIGURUMIST

DenDennis' total verrückte Häkelparty!

Häkeln und feiern mit frechen Amigurumis

ABKÜRZUNGEN

DStb	Doppelstäbchen
Fb	Farbe(n)
fM	feste Masche(n)
Häkelnd	Häkelnadel
hStb	halbe(s) Stäbchen
Km	Kettmasche(n)
LL	Lauflänge
Lm	Luftmasche(n)
M	Masche(n)
Nd	Nadel(n)
R	Reihe(n)
Rd	Runde(n)
Schlaufen-M	Schlaufenmasche(n)
Stb	Stäbchen

IMPRESSUM

Erstveröffentlichung in den Niederlanden durch Kosmos Uitgevers, Utrecht
Kosmos Uitgevers
Postbus 13288
3507 LG Utrecht
www.kosmosuitgevers.nl

Häkelanleitungen und grafische Gestaltung: Dennis van den Brink, www.dendennis.nl
Projektkoordination der deutschen Ausgabe: Kathleen Rother
Übersetzung: Katrin Lischke-Przygode, Lingenfeld
Lektorat: no:vum, Susanne Noll, Hennef; Nicole Janke, Neuhausen a. d. Fildern
Fotos: Sterstijl, www.sterstijl.nl
Texte der Geschichten: Sander Meij
Redaktion: Katja Kaiser
Druck: Livonia Print SIA, Lettland

frechverlag GmbH, 70499 Stuttgart
1. Auflage 2015
ISBN der deutschen Ausgabe 978-3-7724-6427-0

Vorwort

Himmel, beim Häkeln vergeht die Zeit wie im Fluge! Erst im Sommer 2012 lernte ich mit YouTube-Tutorials und mit viel Hilfe meiner Mutter häkeln. Und jetzt, 2015, liegt nun schon mein zweites eigenes Buch in meinen Händen. In den vergangenen Jahren habe ich so wahnsinnig viele liebe und lustige Menschen im ganzen Land kennengelernt und kann immer noch nicht genug davon bekommen. Es vergeht noch immer kein Tag, an dem ich nicht häkle.

Nachdem ich Kosmos Uitgevers verschiedene Ideen vorgestellt hatte, waren wir uns einig, dass das Thema dieses Buchs perfekt zu meinem ersten Buch „DenDennis' total verrückte Häkelfreunde" passt. Wieder viele drollige und verrückte Figuren, die zudem noch in Partystimmung sind. Lustiger geht es einfach nicht.

Ich wünsche Euch damit viel Häkelspaß!

Liebe Grüße, Dennis

FACEBOOK.COM/DENDENNISAMIGURUMI

WWW.DENDENNIS.NL

INSTAGRAM.COM/DENDENNIS

Einleitung

Nachdenklich betrachtet sich DenDennis im Spiegel. Welches Outfit hatte er sich für heute noch mal ausgesucht? Oh je, vergessen! Jetzt denkst du vielleicht: Was stellt sich DenDennis denn so an? Soll er doch einfach Jeans und T-Shirt anziehen. Aber so einfach ist das nicht. Denn heute hat er etwas Besonderes geplant: Heute gibt DenDennis eine Party! Und weil er sich gerne in seiner eigenen Fantasiewelt aufhält, hat er alle Gäste gebeten, verkleidet zu kommen. Es wird also eine Kostümparty! Aber über die ganze Party-Organisiererei hat er nun sein eigenes Outfit komplett vergessen. Fieberhaft versucht er, sich daran zu erinnern, was er sich ausgedacht hatte … Was sagte seine Großtante mütterlicherseits immer wieder über Kostümpartys? Was brachte sie dabei immer so zum Lachen? Mit einem Mal fällt es ihm wieder ein. Erleichtert öffnet DenDennis seine Kleiderkiste und holt eine gigantische, knallbunte Perücke hervor … und dann? Schau schnell nach auf Seite 22!

Inhaltsverzeichnis

Allgemeine Hinweise

Kuscheltiere müssen sich richtig weich anfühlen und Amigurumis, die vor allem lustig und/oder dämlich gucken, stellt man sich oft auch hin und spielt damit. Deshalb habe ich in den Anleitungen hauptsächlich Schachenmayr Catania verwendet. So werden die Amigurumis nicht nur kuschelig weich, sondern auch etwas fester und lassen sich besser hinstellen.

Meist benutze ich eine kleinere Häkelnadel, als auf der Banderole angegeben – so vermeide ich Löcher in der Häkelarbeit, und die Füllung bleibt unsichtbar. Als Füllmaterial verwende ich waschbare Füllwatte, die in jedem Handarbeitsgeschäft erhältlich ist.

Die Häkelfiguren können unterschiedlich groß ausfallen, je nachdem, wie dick die Wolle und wie groß die Häkelnadel ist und wie fest oder locker du häkelst. Manchmal häkle ich fest und ein anderes Mal wieder lockerer, so sind meine Figuren oft ganz unterschiedlich groß.

In den meisten Anleitungen verwende ich Sicherheitsaugen, damit sie nicht so leicht abfallen. Wenn du überhaupt kein Risiko eingehen möchtest, kannst du die Augen sowie die Nasen mit einem andersfarbigen Garn aufsticken.

Jeder hat seine eigene Art zu häkeln, das gefällt mir an diesem Hobby so gut. Ich selbst habe noch nie zwei identische Amigurumis gearbeitet. So wird jedes Amigurumi ein individuelles Einzelstück. Manche Häkler empfehlen, die einzelnen Teile mit Stecknadeln festzustecken, bevor sie richtig festgenäht werden. Aber das habe ich – ehrlich gesagt – noch nie gemacht. Ich nähe die Teile meist nach Gefühl direkt an den Körper. Und eigentlich ist es doch witzig, wenn ein Arm oder Bein nicht ganz gerade sitzt!

Alle von mir verwendeten Materialien findest du unter www.coatsgmbh.de und in gut sortierten Handarbeitsläden.

SCHACHENMAYR CATANIA

Dieses Garn lässt sich wunderbar verarbeiten. Es besteht zu 100 % aus Baumwolle. Catania hat auch einen hübschen Glanz. Das Garn gibt es in einer großen Farbauswahl, probier doch auch mal andere Farben aus. Die Wolle ist einfach ideal für Amigurumis!

SCHACHENMAYR BRAZILIA

100 % Polyester und flauschig. Eignet sich perfekt für Haare wie bei DenDennis. Lässt sich nicht ganz so einfach verarbeiten, aber wenn du etwas lockerer und bei Tageslicht arbeitest, kannst du die Maschen gut erkennen.

SCHACHENMAYR COTTON TIME UND MULTICOLOR

Dieses Garn ist ein echter Allrounder und für das ganze Jahr bestimmt. Es besteht zu 100 % aus Baumwolle, ist angenehm im Griff und weist einen hohen Tragekomfort auf. Das Multicolor-Garn besteht ebenfalls aus 100 % Baumwolle und lässt sich wunderbar bei wirklich bunten Projekten einsetzen.

SCHACHENMAYR BABY SMILES LENJA SOFT

Die Lenja Soft ist eine extra weiche Garn-Qualität. Die flauschige Textur schmiegt sich wie eine Wolke um alles Eingehäkelte. Dank der besonderen Fellstruktur werden die Projekte auch besonders leicht. Die Lenja Soft besteht aus 100 % Polyester.

DIE ORIGINAL-GARNE

Dennis hat seinen angestammten Platz in den Niederlanden und hat die Amigurumis mit den folgenden Garnen gearbeitet: Stylecraft Special DK (bei DenDennis und Mauerblümchen), sowie Stylecraft Wondersoft Merry Go Round Rainbow (Perücke und Latzhose von DenDennis sowie Schal von Feten-Ferkel). Zudem benutzte Dennis die Coton 4 von Phildar, ein Baumwollgarn, welches dünner als Catania ist (bei Feten-Ferkel, Girlanden-Hangler, Packesel, Discoball und Widder). Widder wurde zudem mit der Phildar Neige gearbeitet, auch ein Garn, welches ziemlich schwierig zu verarbeiten ist.

HÄKELNADELN

Alle Amigurumis in diesem Buch wurden mit Häkelnadeln der Stärke 3,0 mm oder 3,5 mm gehäkelt – selbst die schwierigeren Wollsorten, wobei ich hier empfehle, eine größere Häkelnadel zu nehmen. Da ich recht große Hände habe, häkle ich am liebsten mit Häkelnadeln, die einen breiteren Griff haben.

STICKTWIST

Um einen Mund oder andere Details aufzusticken, nehme ich am liebsten Sticktwist oder ein anderes, sehr feines Garn. Ich verwende Sticktwist außerdem, um den Beginn einer Runde zu markieren. Dazu kannst du aber auch einen Maschenmarkierer oder Markierungsringe nehmen.

Basiswissen

ANFANGSSCHLINGE

Beginne mit einer Anfangsschlinge. Lege den Faden zu einer Schlinge (1) und ziehe den Faden mit der Häkelnadel durch die Schlinge (2). Gut festziehen. Das ist die Anfangsschlinge (3) mit einem losen, kurzen Ende und dem langen Faden, der zum Wollknäuel führt. Jetzt kannst du selbst wählen, wie du den langen Faden halten möchtest. Ich halte die Anfangsschlinge zwischen Daumen und Mittelfinger und führe den langen Faden um meinen Zeigefinger. Dabei halte ich den Faden mit dem kleinen Finger am Handballen (1). Du kannst den Faden auch um den Zeigefinger wickeln. Entscheidend ist, dass du den Faden festziehen und wieder lockern kannst. Ich mache das, indem ich meinen Zeigefinger anhebe (zum Festziehen) und absenke (zum Lockern).

LUFTMASCHE

Jetzt kannst du aus der Anfangsschlinge die 1. Luftmasche häkeln. Hole mit der Häkelnadel den langen Faden (4) und ziehe ihn durch die Schlinge (5). Du hast 1 Luftmasche (1 Lm) gehäkelt. Wiederhole diesen Schritt so oft, wie es in der jeweiligen Anleitung angegeben ist.

LUFTMASCHENKETTE

Die abgebildete Luftmaschenkette (6) ist aus 7 Luftmaschen gehäkelt. Das nennt sich Anschlag. In einer Häkelanleitung wird dies folgendermaßen beschrieben:

1. R: Häkle eine Lm-Kette aus 7 Lm.

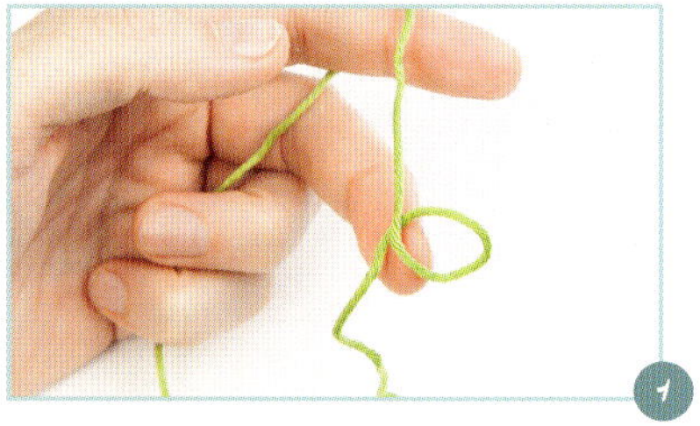

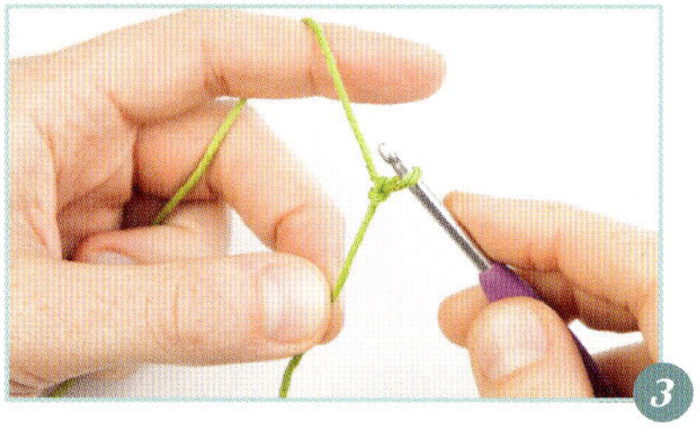

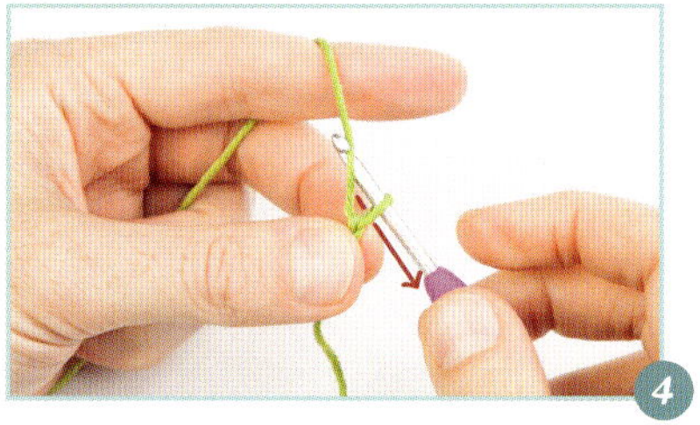

FESTE MASCHE

Für meine Amigurumis verwende ich am häufigsten feste Maschen. Wenn du eine Luftmaschenkette wie in Abb. 6 gehäkelt hast, stichst du die Häkelnadel in die 2. Luftmasche von der Häkelnadel aus (7). Ziehe den Faden mit der Häkelnadel durch die Schlinge (8). Jetzt liegen 2 Schlingen auf der Häkelnadel. Ziehe den Faden (9) mit der Häkelnadel durch beide Schlingen auf der Häkelnadel (10). So häkelst du die erste feste Masche (1 fM). Arbeite diese Masche so oft, wie es in der jeweiligen Anleitung angegeben ist. Auf der Abbildung (11) wurden bis zum Ende der Luftmaschenkette feste Maschen gehäkelt (6 fM).

RUNDE ODER REIHE

Eine Reihe ist eine gerade Reihe Maschen, eine Runde zieht sich einmal rundherum. In den Beispielen sind die 1. Reihe (1. R) die Luftmaschenkette und die 2. Reihe (2. R) die 6 festen Maschen, die du über die Luftmaschenkette gehäkelt hast. Das wird in meinen Anleitungen folgendermaßen geschrieben:

1. R: Häkle eine Lm-Kette aus 7 Lm (6).

2. R: Häkle 6 fM (= 6 fM) (11).

Am Ende einer Zeile steht in Klammern, wie viele Maschen du am Ende einer Reihe oder Runde haben musst.

WENDELUFTMASCHE

Um die folgenden Reihen, beispielsweise die 3. bis 8. Reihe, aus 6 festen Maschen zu häkeln, musst du die Arbeit nach jeder Reihe wenden. Damit du immer 6 feste Maschen (6 fM) behältst, häkelst du am Ende der Reihe 1 Luftmasche (1 Lm), bevor du die Arbeit wendest (12). Das ist die Wendeluftmasche. Jetzt wendest du die Arbeit und stichst in die 1. feste Masche von der Häkelnadel aus (13). Dann geht's weiter mit der nächsten Reihe und der in der Anleitung angegebenen Anzahl Maschen.

HINWEIS: Für halbe Stäbchen musst du 2 Wendeluftmaschen und für Stäbchen sogar 3 Wendeluftmaschen häkeln, da diese Maschen höher sind als feste Maschen.

Auf den nächsten Seiten werde ich ein kleines Bällchen häkeln und an diesem Beispiel zeigen, wie ein Magic-Ring, Maschenzu- und -abnahmen, Farbwechsel und das Abmaschen funktionieren. Dabei musst du bei jeder Runde gut aufpassen, wo du gerade bist. Deshalb markiere ich den Rundenanfang mit einem dünneren Faden. So weiß ich stets genau, wo eine Runde beginnt und wo sie endet, und kann die Zahl der Runden leicht zählen.

14

15

16

17

18

19

20

21

22

23

MAGIC-RING

Die meisten meiner Modelle werden in Runden gehäkelt. Am besten beginnst du dafür mit einem Magic-Ring. Lege deinen Faden zu einer Schlaufe und achte darauf, dass der lange Faden (der zum Wollknäuel führt) oben kreuzt (14). Stich mit der Häkelnadel durch die Schlinge und hole den Faden (15). Ziehe den Faden durch die Schlinge, aber ziehe ihn nicht zu fest an (16). Jetzt hältst du die Fadenschlinge und den losen Faden mit Daumen und Mittelfinger fest und ziehst den Faden (17) durch die Schlinge auf der Häkelnadel (18). Dann ziehst du den losen Faden mit der Häkelnadel durch die Fadenschlinge (19), holst den langen Faden und ziehst ihn durch die Schlinge. Jetzt liegen wie in Abb. 8 2 Schlingen auf der Häkelnadel (20). Ziehe den langen Faden durch beide Schlingen auf der Häkelnadel. Damit hast du die erste feste Masche gehäkelt (21). Häkle nun so viele feste Maschen, wie in der Anleitung angegeben sind, in den Magic-Ring hinein (19, 20 und 21).

Ich beschreibe diesen Schritt in meinen Anleitungen so:

1. Rd: **Fertige einen Magic-Ring an und häkle 6 fM in diesen hinein (= 6 fM)** (22).

Ziehe nun an dem losen kurzen Faden, um den Kreis zu schließen – fertig ist der Magic-Ring (23).

MASCHENZUNAHME

In vielen Fällen musst du in der Runde nach dem Magic-Ring einige Maschen zunehmen. Dafür häkelst du 2 feste Maschen in 1 feste Masche.

1. Rd: Fertige einen Magic-Ring an und häkle 6 fM in diesen hinein (= 6 fM).
2. Rd: Häkle 2 fM in jede fM (= 12 fM).

Markiere zunächst den Anfang der Runde mit einem dünneren Faden. Stich dann mit der Häkelnadel in die 1. feste Masche, um die erste feste Masche zu häkeln (24). Häkle in diese feste Masche noch 1 feste Masche (25). Mit den restlichen 5 festen Maschen machst du es ebenso, bis du am Ende der Runde 12 feste Maschen gehäkelt hast (26). Damit es schön rund wird, nimmst du in jeder weiteren Runde 6 Maschen zu. Um diese 6 Zunahmen gleichmäßig über den Kreis zu verteilen, wird die folgende Runde so beschrieben:

3. Rd: Häkle 2 fM in jede 2. fM (= 18 fM).

Also häkelst du in die 1. feste Masche 1 feste Masche und in die 2. feste Masche 2 feste Maschen (27). Das machst du insgesamt 6-mal – das ergibt 18 feste Maschen. Auch in der 4. und 5. Runde nimmst du wieder jeweils 6 Maschen zu, das beschreibe ich so:

4. Rd: Häkle 2 fM in jede 3. fM (= 24 fM).
5. Rd: Häkle 2 fM in jede 4. fM (= 30 fM) (28).

Wenn in einer Runde keine Zunahmen gehäkelt werden, beschreibe ich das so:

6. Rd: Häkle 30 fM.

Dann häkelst du in jede feste Masche nur 1 feste Masche.

24

25

26

27

28

FARBWECHSEL

Wenn du beim Häkeln mit einer anderen Farbe weiterarbeiten möchtest, ziehst du bei der letzten festen Masche, die du gehäkelt hast, den Faden nicht durch die letzten Schlingen auf der Häkelnadel. Das wird folgendermaßen beschrieben:
6. Rd: Häkle 30 fM (= 30 fM). Wechsle die Farbe.

Nimm den Faden in der anderen Farbe (29). Halte das kurze Ende gut fest und ziehe den neuen Faden durch die letzten beiden Schlingen. Jetzt liegt der Faden in der neuen Farbe auf der Häkelnadel (30), und du kannst mit der neuen Farbe weiterarbeiten. Damit sich der Faden nicht so leicht herausziehen lässt, häkelst du das kurze Ende der neuen Farbe und den Rest der alten Farbe bei den nächsten paar Maschen einfach mit (31).

6. Rd: Häkle 30 fM. Wechsle die Farbe.
7. Rd: Häkle 30 fM.
8. Rd: Häkle 30 fM. Wechsle die Farbe.
9. Rd: Häkle 30 fM (32).

Nach dieser Beispielanleitung hast du jetzt 4 Runden mit der gleichen Maschenanzahl gehäkelt, wobei die 7. und 8. Runde eine andere Farbe haben. Jetzt wird es Zeit für die Maschenabnahmen, damit unser Ball rund wird.

29

30

31

32

MASCHENABNAHME

Es gibt verschiedene Möglichkeiten, Maschen abzunehmen. Bei dieser einfachen und schnellen Methode stichst du die Häkelnadel durch die 1. feste Masche, holst den Faden (33) und ziehst ihn durch (nun liegen 2 Schlingen auf der Häkelnadel). Dann stichst du die Häkelnadel durch die 2. feste Masche, ziehst den Faden wieder durch (34) und hast 3 Schlingen auf der Häkelnadel (35). Jetzt ziehst du den Faden durch alle 3 Schlingen auf der Häkelnadel (36) – so hast du aus 2 festen Maschen 1 feste Masche gemacht. Um in einer Runde gleichmäßig abzunehmen, verteilst du die Maschenabnahmen ebenso wie die -zunahmen auf die ganze Runde. Diese Arbeitsschritte wiederholst du, bis du das Ende der Runde erreicht hast.

10. Rd: Häkle jede 4. und 5. fM zusammen (= 24 fM) (36).

Diese Methode hat einen Nachteil: Wenn du auf diese Weise in mehreren Runden abgenommen hast, sind die Abnahmen deutlich zu sehen. Du kannst aber auch praktisch unsichtbare Abnahmen häkeln – eine Methode, die ich bevorzuge.

UNSICHTBARE MASCHENABNAHME

Stich die Häkelnadel durch das vordere Maschenglied der 1. festen Masche (37) und dann auch gleich durch das vordere Maschenglied der 2. festen Masche (38). Hole jetzt den Faden und ziehe ihn durch die beiden vorderen Schlingen auf der Häkelnadel (39). Hole dann wieder den Faden (40) und ziehe ihn durch die beiden Schlingen auf der Häkelnadel (41). So hast du eine unsichtbare Abnahme gehäkelt. Wenn du auf diese Weise die nächsten Runden häkelst, kannst du das Bällchen abmaschen.

33

34

35

36

37

38

39

40

11. Rd: **Häkle jede 3. und 4. fM zusammen (= 18 fM).**
Stopfe den Ball mit Füllmaterial aus.
12. Rd: **Häkle jede 2. und 3. fM zusammen (= 12 fM).**
13. Rd: **Häkle jede 2. fM zusammen (= 6 fM)** (42).
Masche ab und vernähe den Faden.

ABMASCHEN

Zum Abmaschen schneidest du zunächst den langen Faden ab. Der Faden muss so lang sein, dass du die Arbeit gut schließen kannst (ca. 20 cm). Häkle 1 Kettmasche in das hintere Maschenglied der nächsten festen Masche (43). Dann ziehst du den Faden durch die letzte Schlinge auf der Häkelnadel und ziehst den Faden gut fest (44).
Unten erkläre ich die Kettmasche (Km).
Jetzt holst du den Faden auf die Außenseite deiner Arbeit, indem du den Faden durch die 1. Masche ziehst. Dann nähst du den Faden mit einer Stopfnadel von oben nach unten durch die vorderen Maschenglieder der übrigen Maschen (45). Ziehe den Faden fest und schließe die Arbeit (46). Anschließend stichst du die Nadel mitten durch die Arbeit an einer beliebigen Stelle nach außen (47) und schneidest den Faden ganz kurz ab. Jetzt ist das Bällchen fertig.

KETTMASCHE

Stich die Häkelnadel wie bei einer festen Masche durch die nächste feste Masche. Ziehe den Faden durch die feste Masche (33) und danach gleich durch die Schlinge auf der Häkelnadel (48). Diese Masche wird als 1 Km angegeben.

Auf den nächsten Seiten erkläre ich noch ein paar andere Maschen, die du für die Anleitungen in diesem Buch kennen musst.

41

42

43

44

45

46

47

48

49

50

51

52

53

54

55

HALBES STÄBCHEN

Soll eine Masche größer werden als eine feste Masche, häkelst du ein halbes Stäbchen (hStb). Diese Masche wird etwas höher, und du kannst damit andere Formen häkeln. Dafür schlingst du den Faden 1-mal um die Häkelnadel, bevor du sie durch die feste Masche (bzw. bei einer Luftmaschenkette durch die 3. Luftmasche von der Häkelnadel aus) stichst (49). Dann stichst du die Häkelnadel durch die feste Masche (50) (bzw. die Luftmasche) und ziehst den Faden durch die Masche hindurch. Jetzt liegen 3 Schlingen auf der Häkelnadel (51). Ziehe den Faden durch alle 3 Schlingen (52). Diese Masche ist jetzt etwas höher und dicker als eine feste Masche und wird als 1 hStb angegeben.

STÄBCHEN

Die Masche kann noch höher werden, wenn du ein Stäbchen (Stb) häkelst. Arbeite die ersten 3 Schritte wie beim halben Stäbchen (bei einer Luftmaschenkette in die 4. Luftmasche von der Häkelnadel aus), bis wieder 3 Schlingen auf der Häkelnadel liegen (49-51). Jetzt ziehst du den Faden durch die ersten beiden Schlingen (53). Dann holst du wieder den Faden (54) und ziehst ihn mit der Häkelnadel durch die beiden übrigen Schlingen auf der Häkelnadel (55). Jetzt hast du ein Stäbchen gehäkelt, das als 1 Stb angegeben wird.

DOPPELSTÄBCHEN

Ein Doppelstäbchen ist wiederum höher als ein Stäbchen. Dafür schlingst du den Faden 2-mal um die Häkelnadel, bevor du durch die feste Masche (bzw. bei einer Luftmaschenkette durch die 5. Luftmasche von der Häkelnadel aus) stichst. Dann stichst du die Häkelnadel durch die feste Masche (bzw. die Luftmasche) und ziehst den Faden durch die Masche hindurch. Jetzt liegen 4 Schlingen auf der Häkelnadel. Ziehe den Faden durch die ersten 2 Schlingen, jetzt liegen noch 3 Schlingen auf der Häkelnadel. Jetzt weiterarbeiten wie beim Stäbchen beschrieben. Diese Masche wird als 1 DStb angegeben.

SCHLAUFENMASCHE

Stich die Häkelnadel durch die 2. Luftmasche von der Häkelnadel aus und hole den Faden, der hinter dem Finger entlangläuft (56).

Nimm nicht den vorderen Faden, den du bei einer normalen Masche holst.

Ziehe die Häkelnadel hinter dem vorderen Faden nach vorne (57) und ziehe die Häkelnadel durch die feste Masche, sodass 3 Schlingen auf der Häkelnadel liegen (58). Jetzt befindet sich die Schlaufe hinter den Schlingen auf der Häkelnadel. Lege die Schlaufe nach unten und hole den normalen Faden (59). Ziehe den Faden durch alle 3 Schlingen auf der Häkelnadel (60). Indem du die letzte Masche durch 3 Schlingen holst, wird diese Masche genauso hoch wie ein halbes Stäbchen (hStb) und die Arbeit etwas stabiler. Wenn du diese Arbeitsschritte wiederholst, entstehen immer mehr Schlaufen (61).

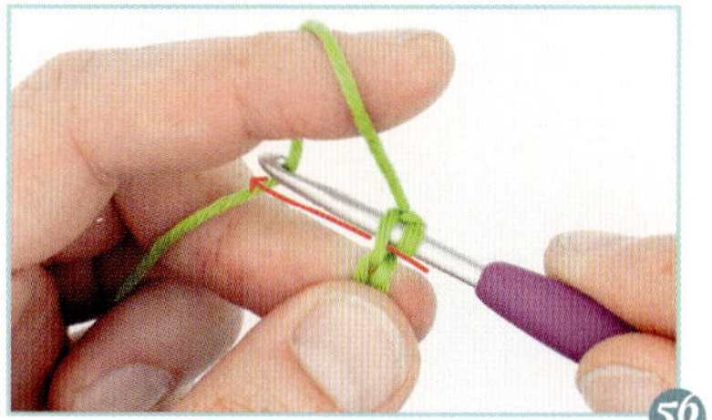
56

57

58

59

60

61

62

63

64

65

66

67

68

2 STÄBCHEN ZUSAMMENHÄKELN

Häkle ein Stäbchen, lass jedoch die letzte Schlinge auf der Häkelnadel (62). Häkle ein Stäbchen in die nächste Masche und lass auch hier die letzte Schlinge auf der Häkelnadel. Jetzt liegen 3 Schlingen auf der Häkelnadel (63). Hole den Faden und ziehe ihn durch alle 3 Schlingen auf der Häkelnadel. So hast du 2 Stäbchen zusammengehäkelt (64).

Um 2 halbe Stäbchen zusammenzuhäkeln, lege den Faden um die Häkelnadel, dann stich die Häkelnadel durch die Schlinge, um den Faden zu holen, ziehe den Faden aber nicht durch beide Schlingen (jetzt liegen 3 Schlingen auf der Häkelnadel). Lege den Faden erneut um die Häkelnadel, stich die Nadel durch die Schlinge der folgenden Masche, hole den Faden (jetzt hast du 5 Schlingen auf der Häkelnadel) und ziehe den Faden durch alle 5 Schlingen auf der Häkelnadel.

NOPPEN

Häkle ein Stäbchen, ziehe aber den Faden nicht durch die beiden letzten Schlingen auf der Häkelnadel (65). Häkle solche nicht fertigen Stäbchen noch 4-mal (oder so oft, wie in der Anleitung angegeben ist), bis 6 Schlingen auf der Häkelnadel liegen (66). Häkle in dieselbe Masche noch 1 feste Masche und ziehe den Faden durch alle Schlingen auf der Häkelnadel (67). Wenn du jetzt in die nächste Masche 1 feste Masche häkelst, entsteht eine Noppe (68). Manchmal sieht es besser aus, wenn du die Noppe von innen nach außen drückst.

TIGERNÜSSE
MAUERBLÜMCHEN
DENDENNIS
GIRLANDEN-
HANGLER
FETEN-FERKEL
PARTY-MUFFEL

Die total verrückten Häkelpartygäste

DenDennis

SCHWIERIGKEITSGRAD ★★★★★

Die Haare mit Brazilia zu häkeln, ist ganz schön anspruchsvoll, vor allem in Kombination mit dem Farbwechsel. Außerdem musst du viel Geduld aufbringen, um die Fingerchen und Zehen zu häkeln.

DenDennis ist mit seinen Gedanken gerade ganz woanders. Seine Kostümparty soll gleich starten – hat er auch nichts vergessen? Hat er genügend Girlanden, Konfetti und Luftschlangen gekauft? Und wie viel Orangenlimo ist denn nun eigentlich ausreichend? Alle seine Freunde können davon nie genug bekommen, also nochmal nachsehen, wie viele Flaschen von dem süßen, klebrigen Zeug noch im Keller liegen. Feten-Ferkel trinkt die Orangenlimo ja fast pur. Dann aber auch noch schnell die Clownsperücke anprobieren – sie sitzt wie angegossen und passt perfekt zur Latzhose. Jetzt kann die Partymeute kommen und die Party bleibt bestimmt noch lange im Gedächtnis.

MATERIAL

* Schachenmayr Brazilia (LL 90 m/50 g) in Schoko (Fb 10), 50 g
* Schachenmayr Catania (LL 125 m/50 g) in Soft Apricot (Fb 263) und Signalrot (Fb 115), je 50 g
* Schachenmayr Multicolor (LL 90 m/50 g) in Papageicolor (Fb 1816), 50 g
* Füllwatte
* 2 Sicherheitsaugen, ø 15 mm
* Sticktwist in Schwarz
* Häkelnadel 3,0 mm

KOPF

Schau dir beim Basiswissen genau an, wie ein Fb-Wechsel funktioniert (siehe S. 13). Die Fb-Wechsel in dieser Anleitung habe ich so abgekürzt:
FW1 (Fb-Wechsel mit der ersten Fb [Brazilia]) und
FW2 (Fb-Wechsel mit der zweiten Fb [Catania in Soft Apricot]).
Vergiss nicht, die Fb während der halben letzten M zu wechseln.
Arbeite die Haare mit Brazilia.

1. Rd: Fertige einen Magic-Ring an und häkle 6 fM in diesen hinein (= 6 fM).
2. Rd: Häkle 2 fM in jede fM (= 12 fM).
3. Rd: Häkle 2 fM in jede 2. fM (= 18 fM).
4. Rd: Häkle 2 fM in jede 3. fM (= 24 fM).
5. Rd: Häkle 2 fM in jede 4. fM (= 30 fM).
6. Rd: Häkle 2 fM in jede 5. fM (= 36 fM).
7. Rd: Häkle 2 fM in jede 6. fM (= 42 fM).
8. Rd: Häkle 2 fM in jede 7. fM (= 48 fM).
9. Rd: Häkle 2 fM in jede 8. fM (= 54 fM).
10. Rd: Häkle 2 fM in jede 9. fM (= 60 fM).
11. Rd: Häkle 22 fM, FW2, 16 fM, FW1, 22 fM (= 60 fM).
12.-14. Rd: Häkle 20 fM, FW2, 20 fM, FW1, 20 fM (= 60 fM).
15. Rd: Häkle 20 fM, FW2, 21 fM, FW1, 19 fM (= 60 fM).
16.+17. Rd: Häkle 19 fM, FW2, 22 fM, FW1, 19 fM (= 60 fM).
18. Rd: Häkle 19 fM, FW2, 23 fM, FW1, 18 fM (= 60 fM).
19.+20. Rd: Häkle 19 fM, FW2, 24 fM, FW1, 17 fM (= 60 fM).
21. Rd: Häkle 19 fM, FW2, 25 fM, FW1, 16 fM (= 60 fM).
22. Rd: Häkle 19 fM, FW2, 26 fM, FW1, 15 fM (= 60 fM).
23. Rd: Häkle 19 fM, FW2, 27 fM, FW1, 14 fM (= 60 fM).
24. Rd: Häkle 14 fM, FW2, 37 fM, FW1, 9 fM (= 60 fM).
25. Rd: Häkle 13 fM, FW2, 40 fM, FW1, 7 fM (= 60 fM).
26. Rd: Häkle 12 fM, FW2, 42 fM, FW1, 6 fM (= 60 fM).
27. Rd: Häkle 11 fM, FW2, 45 fM, FW1, 4 fM (= 60 fM).
28. Rd: Häkle 10 fM, FW2, 48 fM, FW1, 2 fM (= 60 fM).
29. Rd: Häkle 9 fM, FW2, 51 fM, FW1 (= 60 fM).
30. Rd: Häkle 7 fM, FW2, 1 fM, häkle die 9. und 10. fM zusammen, häkle danach jede 9. und 10. fM zusammen (= 54 fM).
31. Rd: Häkle jede 8. und 9. fM zusammen (= 48 fM).
32. Rd: Häkle jede 7. und 8. fM zusammen (= 42 fM).
33. Rd: Häkle jede 6. und 7. fM zusammen (= 36 fM).
34. Rd: Häkle jede 5. und 6. fM zusammen (= 30 fM).

Setze die Augen mit einem Abstand von 9 fM in der 20. Rd ein.
Stopfe den Kopf Schritt für Schritt aus, bis du die letzte Rd erreicht hast.

35. Rd: Häkle jede 4. und 5. fM zusammen (= 24 fM).
36. Rd: Häkle jede 3. und 4. fM zusammen (= 18 fM).
37. Rd: Häkle jede 2. und 3. fM zusammen (= 12 fM).
38. Rd: Häkle immer 2 fM zusammen (= 6 fM).

Masche ab und vernähe den Faden.

NASE

Arbeite mit Catania in Soft Apricot.

1. Rd: Fertige einen Magic-Ring an und häkle 5 fM in diesen hinein (= 5 fM).
2. Rd: Häkle 2 fM in jede fM (= 10 fM).
3. Rd: Häkle 2 fM in jede 2. fM (= 15 fM).
4.+5. Rd: Häkle 15 fM.
6. Rd: Häkle jede 2. und 3. fM zusammen (= 10 fM).

Masche ab und schneide den Faden so lang ab, dass du damit die Nase an den Kopf nähen kannst. Stopfe die Nase aus.

OHR (2x)

Arbeite mit Catania in Soft Apricot.

1. Rd: Fertige einen Magic-Ring an und häkle 6 fM in diesen hinein (= 6 fM).

2. Rd: Häkle 2 fM in jede fM (= 12 fM).

3. Rd: Häkle 2 fM in jede 2. fM (= 18 fM).

4.+5. Rd: Häkle 18 fM.

6. Rd: Häkle jede 2. und 3. fM zusammen (= 12 fM).

Masche ab und schneide den Faden so lang ab, dass du damit das Ohr an den Kopf nähen kannst.

KÖRPER

Arbeite mit Catania in Soft Apricot.

1. Rd: Fertige einen Magic-Ring an und häkle 6 fM in diesen hinein (= 6 fM).

2. Rd: Häkle 2 fM in jede fM (= 12 fM).

3. Rd: Häkle 2 fM in jede 2. fM (= 18 fM).

4. Rd: Häkle 2 fM in jede 3. fM (= 24 fM).

5. Rd: Häkle 2 fM in jede 4. fM (= 30 fM).

6. Rd: Häkle 2 fM in jede 5. fM (= 36 fM).

7. Rd: Häkle 2 fM in jede 6. fM (= 42 fM).

8.-10. Rd: Häkle 42 fM.

11. Rd: Häkle jede 6. und 7. fM zusammen (= 36 fM).

12. Rd: Häkle 36 fM.

13. Rd: Häkle jede 5. und 6. fM zusammen (= 30 fM).

14. Rd: Häkle 30 fM.

15. Rd: Häkle jede 4. und 5. fM zusammen (= 24 fM).

Stopfe den Körper aus, bis du die letzte Rd erreicht hast.

16. Rd: Häkle jede 3. und 4. fM zusammen (= 18 fM).

17.-19. Rd: Häkle 18 fM.

Masche ab und schneide den Faden so lang ab, dass du damit den Körper an den Kopf nähen kannst.

FUSS (2x)

Arbeite die Füße und die Hände mit Catania in Soft Apricot.

1. R: Häkle eine Lm-Kette aus 7 Lm.

2. Rd: Häkle 5 fM, 3 fM in die letzte Lm, weiter auf der anderen Seite der Lm-Kette, 4 fM, 2 fM in die letzte Lm (= 14 fM).

3. Rd: Häkle 2 fM in die 1., 7., 8. und 14. fM (= 18 fM).

4. Rd: Häkle 2 fM in die 2., 8., 11. und 17. fM (= 22 fM).

5.+6. Rd: Häkle 22 fM.

7. Rd: Häkle die 1. und 2., die 10. und 11., die 12. und 13. und die 21. und 22. fM zusammen (= 18 fM).

8.+9. Rd: Häkle 18 fM.

10. Rd: Häkle die 1. und 2., die 8. und 9., die 10. und 11. und die 17. und 18. fM zusammen (= 14 fM).

11.+12. Rd: Häkle 14 fM.

Stopfe den Fuß aus, bis du die letzte Rd erreicht hast.

13. Rd: Häkle die 1. und 2. und die 8. und 9. fM zusammen (= 12 fM).

14. Rd: Häkle immer 2 fM zusammen (= 6 fM).

Masche ab und vernähe den Faden.

Die Zehen brauchen nicht ausgestopft zu werden, wohl aber die Beine, die du danach häkelst.

GROSSER ZEH (2x)

1. Rd: Häkle 4 fM zu einem Magic-Ring (= 4 fM).

2. Rd: Häkle 2 fM in jede fM (= 8 fM).

3.+4. Rd: Häkle 8 fM.

Masche ab und schneide den Faden so lang ab, dass du damit den großen Zeh an den Fuß nähen kannst.

MITTLERER ZEH (4x)

1. Rd: Fertige einen Magic-Ring an und häkle 6 fM in diesen hinein (= 6 fM).

2.+3. Rd: Häkle 6 fM.

Masche ab und schneide den Faden so lang ab, dass du damit den Zeh an den Fuß nähen kannst.

KLEINER ZEH (2x)

1. Rd: Häkle 5 fM zu einem Magic-Ring (= 5 fM).

2.+3. Rd: Häkle 5 fM.

Masche ab und schneide den Faden so lang ab, dass du damit den kleinen Zeh an den Fuß nähen kannst.

BEIN (2x)

1. Rd: Häkle 18 fM oben auf die Füße.

2.-5. Rd: Häkle 18 fM.

6. Rd: Häkle jede 5. und 6. fM zusammen (= 15 fM).

7.+8. Rd: Häkle 15 fM.

9. Rd: Häkle jede 4. und 5. fM zusammen (= 12 fM).

10.-13. Rd: Häkle 12 fM.

Masche ab und schneide den Faden so lang ab, dass du damit das Bein unten an den Körper nähen kannst.

HAND UND ARM (Je 2x)

Für die Hände arbeitest du erst die einzelnen Finger; dann häkelst du über die Finger die Hand, darüber den Arm.

1.FINGER

1. Rd: Fertige einen Magic-Ring und häkle 6 fM in diesen hinein (= 6 fM).
2.-6. Rd: Häkle 6 fM.

Masche ab und vernähe den Faden.

MITTELFINGER

1. Rd: Fertige einen Magic-Ring an und häkle 6 fM in diesen hinein (= 6 fM).
2.-7. Rd: Häkle 6 fM.

Häkle den 2. Finger mit 1 Km an den 1. Finger. Masche ab.

3.FINGER, HAND UND ARM

1. Rd: Fertige einen Magic-Ring an und häkle 6 fM in diesen hinein (= 6 fM).
2.-6. Rd: Häkle 6 fM.

Häkle den 3. Finger mit 1 Km an den 2. Finger, und zwar in die 3. fM von der Km des 1. Fingers aus. Jetzt maschst du NICHT ab, sondern häkelst die Hand.

1.-3. Rd: Häkle 18 fM.
4. Rd: Häkle jede 2. und 3. fM zusammen (= 12 fM).

Stopfe die Hand und die Finger nicht zu fest aus, den Arm aber nicht.

5. Rd: Häkle jede 2. und 3. fM zusammen (= 8 fM).
6.-20. Rd: Häkle 8 fM.

Masche ab und schneide den Faden so lang ab, dass du damit den Arm an den Körper nähen kannst.

DAUMEN

1. Rd: Fertige einen Magic-Ring an und häkle 6 fM in diesen hinein (= 6 fM).
2.-8. Rd: Häkle 6 fM.

Stopfe den Daumen nicht zu fest aus. Masche ab und schneide den Faden so lang ab, dass du damit den Daumen an die Hand nähen kannst. Falte das offene Ende zusammen und nähe den Daumen an.

PERÜCKE

Arbeite mit Multicolor in Papagei color.

KLEINER TIPP: Für jeden Kopf kann die Perücke anders ausfallen, je nachdem, ob du fest oder locker häkelst oder wie du den Kopf ausgestopft hast. Wenn die Perücke zu eng ist, kannst du nach der 13. Rd auch mit 48 Schlaufen-M weiterarbeiten. Achte dann jedoch darauf, dass du bei den letzten 2 Rd auf 42 Schlaufen-M abnimmst, damit die Perücke am Rand enger sitzt. DenDennis sollte die Perücke nach der 9. und 13. Rd mal anprobieren.

1. Rd: Fertige einen Magic-Ring an und häkle 6 fM in diesen hinein (= 6 fM).

Häkle ab jetzt nur noch Schlaufen-M.

2. Rd: Häkle 2 Schlaufen-M in jede fM (= 12 M).
3. Rd: Häkle 2 Schlaufen-M in jede 2. Schlaufen-M (= 18 M).
4. Rd: Häkle 2 Schlaufen-M in jede 3. Schlaufen-M (= 24 M).
5. Rd: Häkle 2 Schlaufen-M in jede 4. Schlaufen-M (= 30 M).
6. Rd: Häkle 2 Schlaufen-M in jede 5. Schlaufen-M (= 36 M).
7. Rd: Häkle 2 Schlaufen-M in jede 6. Schlaufen-M (= 42 M).
8. Rd: Häkle 2 Schlaufen-M in jede 7. Schlaufen-M (= 48 M).

9.-13. Rd: Häkle 48 Schlaufen-M.

14. Rd: Häkle jede 7. und 8. Schlaufen-M zusammen (= 42 M).

15.-22. Rd: Häkle 42 Schlaufen-M.

Masche ab und vernähe den Faden.

Sticke mit schwarzem Sticktwist die 4 Striche um das rechte Auge.

LATZHOSE

Arbeite mit Multicolor in Papagei color und doppeltem Faden.

Häkle zuerst 1 Hosenbein.

1. Rd: Häkle eine Lm-Kette aus 24 Lm. Häkle 1 Km in die 1. Lm der Lm-Kette, sodass ein Ring entsteht.

2. Rd: Häkle 1 Lm (zählt als 1 fM), 23 fM (= 24 fM).

3.-11. Rd: Häkle 24 fM (= 24 fM).

Masche ab und vernähe den Faden. Häkle das 2. Hosenbein genau wie das erste, MASCHE JEDOCH NICHT AB!

1. Rd: Häkle nun beide Hosenbeine mit 3 fM aneinander. Häkle dann 42 fM über beide Hosenbeine.

2.-7. Rd: Häkle 42 fM.

8. Rd: Häkle jede 6. und 7. fM zusammen (= 36 fM).

9. Rd: Häkle 36 fM.

10. Rd: Häkle jede 5. und 6. fM zusammen (= 30 fM).

11. Rd: Häkle 30 fM.

Masche ab und vernähe den Faden.

Jetzt häkelst du einen Latz an die Vorderseite und einen an die Rückseite der Hose.

1. R: Häkle 10 fM oben an die Hose (= 10 fM).

2.+3. R: Wende, häkle 1 Lm, 10 fM (= 10 fM).

Masche ab und vernähe den Faden.

Erstelle die Träger, indem du 1 fM an der Ecke des vorderen Latzes häkelst. Häkle eine Lm-Kette aus 8 Lm, anschließend 1 fM an die Ecke des hinteren Latzes, häkle 1 fM, wende, 1 Lm, häkle 8 fM an der Lm-Kette entlang zurück, 1 fM, 1 Km.

Masche ab und vernähe den Faden.

Häkle den anderen Träger ebenso.

Jetzt noch die Tasche auf dem vorderen Latz: Suche den Anfang einer Farbe, damit die Tasche in nur 1 Fb gehäkelt wird.

1. R: Häkle eine Lm-Kette aus 10 Lm.
2. R: Häkle 1 hStb in die 3. Lm von der Häkelnd aus, 7 hStb (= 8 M).
3. R: Wende, 2 Lm, häkle das 1. und 2. hStb zusammen, 4 hStb, häkle das 7. und 8. hStb zusammen (= 6 M).
4. R: Wende, 2 Lm, häkle das 1. und 2. hStb zusammen, 2 hStb, häkle das 5. und 6. hStb zusammen (= 4 M).
Masche ab und schneide den Faden so lang ab, dass du damit die Tasche vorne auf den Latz nähen kannst.

SCHUH (2x)

Arbeite mit Catania in Signalrot.
1. R: Häkle eine Lm-Kette aus 13 Lm.
2. Rd: Häkle 1 fM in die 2. Lm von der Häkelnd aus, 10 fM, 3 fM in die letzte Lm. Weiter auf der anderen Seite der Lm-Kette: 10 fM, 2 fM in die letzte Lm (= 26 fM).
3. Rd: Häkle 2 fM in die 1. fM, 9 fM, 2 hStb in die nächsten 6 fM, 9 fM, 2 fM in die letzte fM (= 34 fM).
4. Rd: Häkle 1 fM, 2 fM in die nächste fM, 9 fM, 3 hStb, 2 hStb in die nächsten 6 hStb, 3 hStb, 9 fM, 2 fM in die nächste fM, 1 fM (= 42 fM).
5. Rd: Häkle 2 fM, 2 fM in die nächste fM, 9 fM, 6 hStb, 2 hStb in die nächsten 6 hStb, 6 hStb, 9 fM, 2 fM in die nächste fM, 2 fM (= 50 fM).
6. Rd: Die folgenden M werden nur in das hintere M-Glied gestochen: 15 fM, 5 hStb, 10 Stb, 5 hStb, 1 fM.
Häkle jetzt zunächst die Spitze des Schuhs (keine Wende-Lm).
1. R: Wende (übergehe die 1. fM), 1 fM, 4 hStb, 10 Stb, 5 hStb, 1 fM (= 21 M).
2. R: Wende (übergehe die 1. fM), 1 fM, 4 hStb, 10 Stb, 4 hStb, 1 fM (= 20 M).
3. R: Wende (übergehe die 1. fM), 1 fM, 3 hStb, 10 Stb, 4 hStb, 1 fM (= 19 M).
4. R: Wende (übergehe die 1. fM), 2x [häkle die nächsten 2 fM zusammen], 10 Stb, 2x [häkle die nächsten 2 fM zusammen] (= 14 M).
5. R: Wende (übergehe die 1. fM), 3 fM, 6 hStb, 4 fM (= 13 M).
6. R: Wende (übergehe die 1. fM), 2x [häkle die nächsten 2 fM zusammen], 4 hStb, 2x [häkle die nächsten 2 fM zusammen] (= 8 M).
Häkle jetzt 3 fM entlang der Spitze nach unten und in die hinteren M-Glieder 14 fM an der Sohle entlang.
Häkle nun wieder rund um den gesamten Schuh.
7. Rd: Häkle 14 fM, 3 fM entlang der Spitze nach oben, 25 fM (= 42 M).
8. Rd: Häkle 15 fM, 6x [häkle die nächsten 2 fM zusammen], 15 fM (= 36 M).
9. Rd: Häkle 12 fM, 6x [häkle die nächsten 2 fM zusammen], 12 fM (= 30 fM).
10. Rd: Häkle 9 fM, 6x [häkle die nächsten 2 fM zusammen], 9 fM (= 24 fM).
11. Rd: Häkle jede 3. und 4. fM zusammen (= 18 fM).
Häkle jetzt nur noch hStb und nur in die hinteren M-Glieder:
12. Rd: Häkle 2 hStb in jede 3. fM (= 24 M).
Masche ab und vernähe den Faden. Stopfe nur die Spitze des Schuhs aus, damit sie schön rund hochsteht.

CLOWNSNASE

Arbeite mit Catania in Signalrot.
1. Rd: Fertige einen Magic-Ring an und häkle 6 fM in diesen hinein (= 6 fM).
2. Rd: Häkle 2 fM in jede fM (= 12 fM).
3. Rd: Häkle 2 fM in jede 2. fM (= 18 fM).
4.+5. Rd: Häkle 18 fM.
6. Rd: Häkle jede 2. und 3. fM zusammen (= 12 fM).
Masche ab und vernähe den Faden.

FERTIGSTELLEN

Die Oberkante der Ohren sitzt etwas tiefer als die Unterkante der Augen. Achte darauf, dass die Ohren zu etwa einem Drittel in den Haaren sitzen, da DenDennis Koteletten trägt. Die Oberkante der Nase liegt auf gleicher Höhe wie die Unterkante der Augen. Sobald du den Körper an den Kopf genäht hast, kannst du die Arme an die Seiten nähen. Zwischen Kopf und Armen kann 1 Rd frei bleiben. Stopfe den oberen Teil der Beine nicht zu fest aus, damit sich DenDennis auch hinsetzen kann.

Feten-Ferkel

SCHWIERIGKEITSGRAD ★☆☆☆☆

Prima zu häkeln, auch wenn du noch nicht viel Erfahrung hast.

Feten-Ferkel möchte nur eines: Vierundzwanzig Stunden am Tag, sieben Tage die Woche, am besten das ganze Jahr über Party machen. Party, Party und nochmals Party! Ein Treffen hier, eine Fete dort – für Feten-Ferkel sind diese Anlässe nicht bloß Höhepunkte im Alltagsleben, nein, sie sind der Grund für ihn Morgens, naja sagen wir Mittags aus dem Bett zu steigen. Für eine Kostümparty ist nichts zu verrückt: Feten-Ferkel trägt ein extravagantes Outfit, das aus jeder Faser schreit: „It's party time! Alle mitfeiern! Polonaise!" Tja, was kann man auch von jemandem erwarten, der sich auch schon mal Partysau nennt? DenDennis und die anderen haben sich schon daran gewöhnt.

MATERIAL

* Schachenmayr Cotton Time (LL 88 m/50 g) in Rosa (Fb 35), Pink (Fb 36), Himmelblau (Fb 53) und Limone (Fb 23), je 50 g
* Schachenmayr Multicolor (LL 90 m/50 g) in Papagei color (Fb 91), 50 g
* Füllwatte
* Sticktwist in Schwarz, Rest
* 1 Sicherheitsauge, ø 12 mm

KOPF

Arbeite mit Cotton Time in Rosa.

1. Rd: Fertige einen Magic-Ring an und häkle 6 fM in diesen hinein (= 6 fM).

2. Rd: Häkle 2 fM in jede fM (= 12 fM).

3. Rd: Häkle 2 fM in jede 2. fM (= 18 fM).

4. Rd: Häkle 2 fM in jede 3. fM (= 24 fM).

5. Rd: Häkle 24 fM.

6. Rd: Häkle 2 fM in jede 8. fM (= 27 fM).

7. Rd: Häkle 2 fM in jede 9. fM (= 30 fM).

8. Rd: Häkle 2 fM in jede 10. fM (= 33 fM).

9. Rd: Häkle 2 fM in jede 11. fM (= 36 fM).

10. Rd: Häkle 2 fM in jede 12. fM (= 39 fM).

11. Rd: Häkle 2 fM in jede 13. fM (= 42 fM).

12. Rd: Häkle 2 fM in jede 14. fM (= 45 fM).

13. Rd: Häkle 2 fM in jede 15. fM (= 48 fM).

14. Rd: Häkle 2 fM in jede 16. fM (= 51 fM).

15. Rd: Häkle 2 fM in jede 17. fM (= 54 fM).

16. Rd: Häkle 2 fM in jede 18. fM (= 57 fM).

17. Rd: Häkle 2 fM in jede 19. fM (= 60 fM).

18.-20. Rd: Häkle 60 fM.

Setze das Auge in der 12. Rd ein.

21. Rd: Häkle jede 9. und 10. fM zusammen (= 54 fM).

22. Rd: Häkle jede 8. und 9. fM zusammen (= 48 fM).

23. Rd: Häkle jede 5. und 6. fM zusammen (= 40 fM).

24. Rd: Häkle jede 3. und 4. fM zusammen (= 30 fM).

Stopfe den Kopf aus, bis du die letzte Rd erreicht hast.

25. Rd: Häkle jede 2. und 3. fM zusammen (= 20 fM).

26. Rd: Häkle immer 2 fM zusammen (= 10 fM).

27. Rd: Häkle immer 2 fM zusammen (= 5 fM).

Masche ab, nähe die Öffnung zu und vernähe den Faden.

SCHNAUZE

Beginne mit Cotton Time in Pink.

1. R: Häkle eine Lm-Kette aus 6 Lm.

2. Rd: Häkle 1 fM in die 2. Lm von der Häkelnd aus, 3 fM, 3 fM in die letzte Lm. Häkle an der anderen Seite der Lm-Kette 3 fM, 2 fM in die letzte Lm (= 12 fM).

3. Rd: Häkle 2 fM in die 1., 6., 7. und 12. fM (= 16 fM).

4. Rd: Häkle 2 fM in die 1., 2., 7. bis 10., 15. und 16. fM (= 24 fM).

Fb-Wechsel: weiter mit Cotton Time in Rosa.

5. Rd: Häkle 2 fM in die 2., 3., 10., 11., 14., 15., 23. und 24. fM (= 32 fM).

6. Rd: Häkle 32 fM, dabei nur in das hintere M-Glied stechen (= 32 fM).

7. Rd: Häkle 32 fM.

Masche ab und schneide den Faden so lang ab, dass du damit die Schnauze an den Kopf nähen kannst. Stopfe die Schnauze beim Festnähen aus.

OHR (2x)

Arbeite mit Cotton Time in Rosa.

1. Rd: Fertige einen Magic-Ring an und häkle 6 fM in diesen hinein (= 6 fM).

2. Rd: Häkle 2 fM in jede 2. fM (= 9 fM).

3.+4. Rd: Häkle 9 fM.

5. Rd: Häkle 2 fM in jede 3. fM (= 12 fM).

6. Rd: Häkle 2 fM in jede 4. fM (= 15 fM).

7. Rd: Häkle 15 fM.

Masche ab und schneide den Faden so lang ab, dass du damit das Ohr an den Kopf nähen kannst. Falte das Ohr und nähe es an den Kopf.

KÖRPER

Beginne mit Cotton Time in Pink.

1. Rd: Fertige einen Magic-Ring an und häkle 8 fM in diesen hinein (= 8 fM).

2. Rd: Häkle 2 fM in jede fM (= 16 fM).

3. Rd: Häkle 2 fM in jede 2. fM (= 24 fM).

4. Rd: Häkle 2 fM in jede 3. fM (= 32 fM).

5. Rd: Häkle 2 fM in jede 4. fM (= 40 fM).

6. Rd: Häkle 2 fM in jede 5. fM (= 48 fM).

Fb-Wechsel: weiter mit Cotton Time in Rosa.

7.+8. Rd: Häkle 48 fM.

Fb-Wechsel: weiter mit Cotton Time in Pink.

9.+10. Rd: Häkle 48 fM.

Fb-Wechsel: weiter mit Cotton Time in Rosa.

11. Rd: Häkle jede 7. und 8. fM zusammen (= 42 fM).

12. Rd: Häkle 42 fM.

Fb-Wechsel: weiter mit Cotton Time in Pink.

13. Rd: Häkle jede 6. und 7. fM zusammen (= 36 fM).

14. Rd: Häkle 36 fM.

Fb-Wechsel: weiter mit Cotton Time in Rosa.

15. Rd: Häkle jede 5. und 6. fM zusammen (= 30 fM).

16. Rd: Häkle 30 fM.

Fb-Wechsel: weiter mit Cotton Time in Pink.

17. Rd: Häkle jede 4. und 5. fM zusammen (= 24 fM).

18. Rd: Häkle 24 fM.

Masche ab und schneide den Faden so lang ab, dass du damit den Körper unten an den Kopf nähen kannst. Stopfe den Körper vorher aus.

BEIN (2x)

Arbeite mit Cotton Time in Rosa.

1. Rd: Fertige einen Magic-Ring an und häkle 8 fM in diesen hinein (= 8 fM).

2. Rd: Häkle 2 fM in jede fM (= 16 fM).

3. Rd: Häkle 2 fM in jede 2. fM (= 24 fM).

4. Rd: Häkle 24 fM, dabei nur in das hintere M-Glied stechen (= 24 fM).

5. Rd: Häkle 24 fM.

6. Rd: Häkle jede 7. und 8. fM zusammen (= 21 fM).

7. Rd: Häkle jede 6. und 7. fM zusammen (= 18 fM).

8. Rd: Häkle 18 fM.

9. Rd: Häkle jede 5. und 6. fM zusammen (= 15 fM).

10. Rd: Häkle 15 fM.

Masche ab und schneide den Faden so lang ab, dass du damit das Bein an den Körper nähen kannst. Stopfe das Bein vorher aus.

ARM (2x)

Beginne mit Cotton Time in Pink.

1. Rd: Fertige einen Magic-Ring an und häkle 6 fM in diesen hinein (= 6 fM).

2. Rd: Häkle 2 fM in jede fM (= 12 fM).

Fb-Wechsel: weiter mit Cotton Time in Rosa.

3. Rd: Häkle 12 fM, dabei nur in das hintere M-Glied einstechen (= 12 fM).

4. Rd: Häkle 12 fM.

5. Rd: Häkle jede 3. und 4. fM zusammen (= 9 fM).

6.-10. Rd: Häkle 9 fM.

Stopfe den Arm aus, aber nicht in den letzten 3 Rd und nicht zu fest.

11. Rd: Häkle die letzten 2 fM zusammen (= 8 fM).

12. Rd: Häkle die letzten 2 fM zusammen (= 7 fM).

13. Rd: Häkle die letzten 2 fM zusammen (= 6 fM).

Masche ab und schneide den Faden so lang ab, dass du damit den Arm an den Körper nähen kannst.

SCHWANZ

Arbeite mit Cotton Time in Pink.

1. R: Häkle eine Lm-Kette aus 15 Lm.

2. R: Häkle 3 hStb in jede Lm an der Lm-Kette entlang.

Masche ab und schneide den Faden so lang ab, dass du damit den Schwanz an den Körper nähen kannst.

HÜTCHEN (2x)

Arbeite mit Cotton Time in Limone oder Himmelblau.

1. Rd: Fertige einen Magic-Ring an und häkle 6 fM in diesen hinein (= 6 fM).

2. Rd: Häkle 2 fM in jede 2. fM (= 9 fM).

3. Rd: Häkle 9 fM.

4. Rd: Häkle 2 fM in jede 3. fM (= 12 fM).

5. Rd: Häkle 12 fM.

6. Rd: Häkle 2 fM in jede 4. fM (= 15 fM).

7. Rd: Häkle 15 fM.

8. Rd: Häkle 2 fM in jede 5. fM (= 18 fM).

9. Rd: Häkle 18 fM.

10. Rd: Häkle 2 fM in jede 6. fM (= 21 fM).

11. Rd: Häkle 21 fM.

12. Rd: Häkle 2 fM in jede 7. fM (= 24 fM).

13. Rd: Häkle 24 fM.

Masche ab und schneide den Faden lang ab. Schneide 2 gleiche Fäden ab und bringe sie an beiden Seiten des Hütchens an, damit Feten-Ferkel es gleich aufsetzen kann.

SCHAL

Arbeite mit Multicolor und doppeltem Faden in Papagei color.

1. R: Häkle eine Lm-Kette aus 100 Lm.

2. R: Häkle 3 hStb in jede Lm an der Lm-Kette entlang.

Masche ab und vernähe den Faden.

Sticke mit schwarzem Sticktwist das zwinkernde Auge, das schräge Mündchen und die beiden Nasenlöcher auf.

Girlanden-Hangler

SCHWIERIGKEITSGRAD ★★☆☆☆

Eine super Anleitung für Anfänger. Der geringelte Schwanz mit den Fähnchen ist wie der Daumen etwas schwieriger.

Wenn jemand etwas Dummes macht, sagen manche Menschen: „Stell' dich nicht so an, du blöder Affe!" Das ist lächerlich. Als ob ein Affe blöd wäre! Das findet unser Girlanden-Hangler natürlich auch. Denkt er nicht als einziger auf DenDennis' Party daran, dass eine Sache auf einer Party niemals fehlen darf – nämlich die Girlanden? Klar! Deshalb hat er sich für diese besondere Gelegenheit in einen Girlandenaffen verwandelt: nicht nur dekorativ, sondern auch praktisch, um sich endlos durch den Raum zu hangeln.

MATERIAL

* Schachenmayr Catania (LL 125 m/50 g) in Marone (Fb 157), Natur (Fb 105), Sonne (Fb 208), Capri (Fb 384), Maigrün (Fb 389), Orange (Fb 281) und Signalrot (Fb 115), je 50 g
* Füllwatte
* 2 Sicherheitsaugen, ø 12 mm
* Häkelnadel 3,5 mm

± 20 cm

KOPF

Arbeite mit Catania in Marone.

1. Rd: Fertige einen Magic-Ring an und häkle 6 fM in diesen hinein (= 6 fM).
2. Rd: Häkle 2 fM in jede fM (= 12 fM).
3. Rd: Häkle 2 fM in jede 2. fM (= 18 fM).
4. Rd: Häkle 2 fM in jede 3. fM (= 24 fM).
5. Rd: Häkle 24 fM.
6. Rd: Häkle 2 fM in jede 8. fM (= 27 fM).
7. Rd: Häkle 2 fM in jede 9. fM (= 30 fM).
8. Rd: Häkle 30 fM.
9. Rd: Häkle 2 fM in jede 10. fM (= 33 fM).
10. Rd: Häkle 2 fM in jede 11. fM (= 36 fM).
11. Rd: Häkle 36 fM.
12. Rd: Häkle 2 fM in jede 6. fM (= 42 fM).
13. Rd: Häkle 2 fM in jede 7. fM (= 48 fM).
14. Rd: Häkle 2 fM in jede 8. fM (= 54 fM).
15. Rd: Häkle 2 fM in jede 9. fM (= 60 fM).
16.-23. Rd: Häkle 60 fM.

Setze die Augen mit einem Abstand von 6 fM in der 12. Rd ein.

24. Rd: Häkle jede 9. und 10. fM zusammen (= 54 fM).
25. Rd: Häkle jede 8. und 9. fM zusammen (= 48 fM).
26. Rd: Häkle jede 5. und 6. fM zusammen (= 40 fM).
27. Rd: Häkle jede 3. und 4. fM zusammen (= 30 fM).

Stopfe den Kopf aus, bis du die letzte Rd erreicht hast.

28. Rd: Häkle jede 2. und 3. fM zusammen (= 20 fM).
29. Rd: Häkle immer 2 fM zusammen (= 10 fM).
30. Rd: Häkle immer 2 fM zusammen (= 5 fM).

Masche ab, nähe die Öffnung zu und vernähe den Faden.

SCHNAUZE

Beginne mit Catania in Natur.

1. R: Häkle eine Lm-Kette aus 8 Lm.
2. Rd: Häkle 1 fM in die 2. Lm von der Häkelnd aus, 5 fM, 3 fM in die letzte Lm. Häkle an der andere Seite der Lm-Kette 5 fM, 2 fM in die letzte Lm (= 16 fM).
3. Rd: Häkle 2 fM in die 1., 8., 9. und 16. fM (= 20 fM).
4. Rd: Häkle 2 fM in die 1., 2., 9., 10., 11., 12., 19. und 20. fM (= 28 fM).
5. Rd: Häkle 2 fM in die ersten 3 fM, 2 fM in die 12. bis 17. fM, 2 fM in die letzten 3 fM (= 40 fM).
6.-8. Rd: Häkle 40 fM.

Masche ab und schneide den Faden so lang ab, dass du damit die Schnauze annähen kannst. Stopfe sie beim Festnähen aus.

OHR (2x)

Arbeite mit Catania in Natur.

1. Rd: Fertige einen Magic-Ring an und häkle 6 fM in diesen hinein (= 6 fM).
2. Rd: Häkle 2 fM in jede fM (= 12 fM).
3. Rd: Häkle 2 fM in jede 2. fM (= 18 fM).
4.-6. Rd: Häkle 18 fM.

Masche ab und schneide den Faden lang ab. Falte das Ohr und nähe esi an den Kopf.

KÖRPER

Arbeite mit Catania in Marone.

1. Rd: Fertige einen Magic-Ring an und häkle 6 fM in diesen hinein (= 6 fM).
2. Rd: Häkle 2 fM in jede fM (= 12 fM).
3. Rd: Häkle 2 fM in jede 2. fM (= 18 fM).
4. Rd: Häkle 2 fM in jede 3. fM (= 24 fM).
5. Rd: Häkle 2 fM in jede 4. fM (= 30 fM).
6. Rd: Häkle 2 fM in jede 5. fM (= 36 fM).
7.-9. Rd: Häkle 36 fM.
10. Rd: Häkle jede 11. und 12. fM zusammen (= 33 fM).
11. Rd: Häkle jede 10. und 11. fM zusammen (= 30 fM).
12. Rd: Häkle 30 fM.
13. Rd: Häkle jede 9. und 10. fM zusammen (= 27 fM).
14. Rd: Häkle jede 8. und 9. fM zusammen (= 24 fM).
15. Rd: Häkle 24 fM.

Masche ab und schneide den Faden so lang ab, dass du damit den Körper an den Kopf nähen kannst. Stopfe den Körper vorher aus.

DAUMEN (2x)

Arbeite mit Catania in Natur.

1. Rd: Fertige einen Magic-Ring an und häkle 6 fM in diesen hinein (= 6 fM).

Masche ab und schneide den Faden so lang ab, dass du damit die Lücke zwischen Daumen und Hand schließen kannst.

ARM (2x)

Beginne mit Catania in Natur.

1. Rd: Fertige einen Magic-Ring an und häkle 6 fM in diesen hinein (= 6 fM).

2. Rd: Häkle 2 fM in jede fM (= 12 fM).

3.-5. Rd: Häkle 12 fM.

6. Rd: Häkle 6 fM, (häkle jetzt über den Daumen mit) häkle 6 fM um den Daumen, 6 fM (= 18 fM).

7. Rd: Häkle jede 2. und 3. fM zusammen (= 12 fM).

Stopfe die Hand aus, aber nicht den Arm.

8. Rd: Häkle jede 2. und 3. fM zusammen (= 8 fM).

Fb-Wechsel: weiter mit Catania in Marone.

9.-26. Rd: Häkle 8 fM.

Masche ab und schneide den Faden so lang ab, dass du damit den Arm an den Körper häkeln kannst.

BEIN (2x)

Beginne mit Catania in Natur.

1. R: Häkle eine Lm-Kette aus 6 Lm.

2. Rd: Häkle 1 fM in die 2. Lm von der Häkelnd aus, 3 fM, 3 fM in die letzte Lm. Weiter an der anderen Seite der Lm-Kette 3 fM, 2 fM in die letzte Lm (= 12 fM).

3. Rd: Häkle 2 fM in die 1. fM, 5. bis 8. fM und 12. fM (= 18 fM).

4. Rd: Häkle 2 fM in die 2. fM, 8. bis 11. fM und 17. fM (= 24 fM).

5. Rd: Häkle 24 fM, dabei nur in das hintere M-Glied einstechen (= 24 fM).

6. Rd: Häkle 24 fM.

7. Rd: Häkle 6 fM, 6x (häkle die nächsten 2 fM zusammen), 6 fM (= 18 fM).

8. Rd: Häkle die ersten 2 fM zusammen, 3 fM, 4x (häkle die nächsten 2 fM zusammen), 3 fM, häkle die letzten 2 fM zusammen (= 12 fM).

Fb-Wechsel: weiter mit Catania in Marone.

9. Rd: Häkle jede 3. und 4. fM zusammen (= 9 fM).

Stopfe das Bein nicht zu fest aus.

10.-20. Rd: Häkle 9 fM.

Masche ab und schneide den Faden so lang ab, dass du damit das Bein an den Körper nähen kannst.

SCHWANZ

Beginne mit Catania in Sonne.

1. Rd: Fertige einen Magic-Ring an und häkle 6 fM in diesen hinein (= 6 fM).

2. Rd: Häkle 2 fM in jede 2. fM (= 9 fM).

3.-5. Rd: Häkle 9 fM.

Wechsle die Fb ab jetzt alle 5 Rd. Arbeite mit 5 Fb und häkle so insgesamt 75 Rd. Vergiss nicht, zwischendurch den Schwanz auszustopfen.

Masche ab, schneide den Faden so lang ab, dass du damit den Schwanz an den Körper nähen kannst.

HÜTCHEN

Arbeite mit Catania in Capri.

1. Rd: Fertige einen Magic-Ring an und häkle 6 fM in diesen hinein (= 6 fM).

2. Rd: Häkle 2 fM in jede 2. fM (= 9 fM).

3. Rd: Häkle 9 fM.

4. Rd: Häkle 2 fM in jede 3. fM (= 12 fM).

5. Rd: Häkle 12 fM.

6. Rd: Häkle 2 fM in jede 4. fM (= 15 fM).

7. Rd: Häkle 15 fM.

8. Rd: Häkle 2 fM in jede 5. fM (= 18 fM).

9. Rd: Häkle 18 fM.

10. Rd: Häkle 2 fM in jede 6. fM (= 21 fM).

11. Rd: Häkle 21 fM.

12. Rd: Häkle 2 fM in jede 7. fM (= 24 fM).

13. Rd: Häkle 24 fM.

Masche ab und vernähe den Faden.

Arbeite jetzt mit einer anderen Fb in den vorderen M-Gliedern der letzten Rd des Hütchens.

Häkle in die 1. fM: 2 fM.

Häkle in die 2. fM: 1 hStb, 1 Stb.

Häkle in die 3. fM: 1 Stb, 1 hStb.

Wiederhole diese 3 M um das Hütchen herum.

Häkle danach mit einer anderen Fb in den hinteren M-Gliedern der letzten Rd des Hütchens diese 3 M um das Hütchen herum.

Masche ab und vernähe die Fäden.

Schneide 2 gleich lange Fäden ab und befestige sie an beiden Seiten des Hütchens.

FÄHNCHEN AM SCHWANZ (5x)

Arbeite mit 5 fröhlichen Farben.

1. Rd: Fertige einen Magic-Ring an und häkle 6 fM in diesen hinein (= 6 fM).

2. Rd: Häkle 3 fM in jede 2. fM (= 12 fM).

3. Rd: Häkle 2 fM, in die 3. fM [1 hStb, 2 Stb, 1 hStb], 3 fM, in die 7. fM [1 hStb, 2 Stb, 1 hStb], 3 fM, in die 11. fM [1 hStb, 2 Stb, 1 hStb], 1fM (= 21 M).

Masche ab und schneide den Faden so lang ab, dass du damit das Fähnchen an den Schwanz nähen kannst.

FERTIGSTELLEN

Die Ohren nähst du an beide Kopfseiten etwa in Höhe der Unterseite der Augen. Die Fähnchen können gleichmäßig am Schwanz verteilt werden, und wenn du magst, kannst du jederzeit noch mehr Fähnchen häkeln und annähen.

Tigernüsse

SCHWIERIGKEITSGRAD ★☆☆☆☆

Einfach und spaßig zu häkeln.

Sobald ihnen zu Ohren kommt, dass irgendwo eine Party stattfindet, sind diese Tigernüsse die Ersten, die dort für Stimmung sorgen. Diese süchtig machende Knabberei darf auf keiner Fete fehlen. Kaum sind sie da, sind sie auch schon wieder weg, sie können aber auch gefährlich sein: Pass' gut auf, denn sie können zurückbeißen!

MATERIAL

* Schachenmayr Catania (LL 125 m/50 g) in Sonne (Fb 208) oder Orange (Fb 189), je 50 g
* Füllwatte
* 2 Sicherheitsaugen, ø 6 mm
* Sticktwist in Schwarz

KOPF

Arbeite mit Catania in Sonne oder Orange.

1. Rd: Fertige einen Magic-Ring an und häkle 6 fM in diesen hinein (= 6 fM).

2. Rd: Häkle 2 fM in jede fM (= 12 fM).

3. Rd: Häkle 2 fM in jede 2. fM (= 18 fM).

4. Rd: Häkle 2 fM, 2 fM in die nächste fM, 1 fM, 1 Öhrchen, 2 fM in die nächste fM, 2 fM, 2 fM in die nächste fM, 2 fM, 2 fM in die nächste fM, 1 fM, 1 Öhrchen, 2 fM in die nächste fM, 2 fM, 2 fM in die nächste fM (= 24 fM).

5.-8. Rd: Häkle 24 fM.

9. Rd: Häkle jede 3. und 4. fM zusammen (= 18 fM).

Setze die Augen mit einem Abstand von 4 fM in der 5. Rd ein. Stopfe den Kopf aus, bis du die letzte Rd erreicht hast.

10. Rd: Häkle jede 2. und 3. fM zusammen (= 12 fM).

11. Rd: Häkle immer 2 fM zusammen (= 6 fM).

Masche ab, nähe die Öffnung zu und vernähe den Faden.

Sticke anschließend mit schwarzem Sticktwist 3 Streifen oben auf den Kopf und jeweils 2 Streifen an die Seiten (siehe Foto).

ERLÄUTERUNG ZUM HÄKELN DER ÖHRCHEN

Öhrchen: Häkle 3 DStb und 1 fM in 1 fM.

Bei den DStb ziehst du die letzte Schlinge nicht durch, sondern lässt sie auf der Häkelnd. Mit der fM ziehst du dann den Faden durch alle Schlingen auf der Nd.

UND HIER NOCH EINE AUSFÜHRLICHE ANLEITUNG

Schlinge den Faden 2-mal um die Häkelnd (1), stich durch die nächste fM und hole den Faden. Jetzt liegen 4 Schlingen auf der Nd. Hole den Faden und ziehe ihn durch die ersten 2 Schlingen auf der Nd. Hole noch einmal den Faden und ziehe ihn durch die ersten 2 Schlingen auf der Nd, sodass noch 2 Schlingen auf der Nd bleiben. Wiederhole diese Schritte noch 2-mal (insgesamt also 3-mal) (2). Stich mit der Häkelnd durch dieselbe fM, hole den Faden, sodass 5 Schlingen auf der Nd liegen (3). Jetzt holst du wieder den Faden und ziehst ihn durch alle 5 Schlingen. Sobald du den Faden festziehst, bildet sich aus den DStb ein Kügelchen, das wie ein Öhrchen aussieht.

Drücke das Kügelchen ein klein wenig nach außen.

Party-Muffel

±18 cm

SCHWIERIGKEITSGRAD ★★☆☆☆

Eigentlich nicht schwierig zu häkeln, aber du brauchst etwas Geduld. Es kann mühsam sein, das Konfetti aufzusticken.

Die Party ist bereits in vollem Gange, als Pete Party-Muffel endlich erscheint. In all seiner Bescheidenheit hält er sein Kostüm recht einfach. Dennoch, er muss zugeben, dass er insgeheim schon stolz auf die subtile Farbpalette des Konfettis ist, das in einem so fröhlichen Kontrast zu der erdig-braunen Ausstrahlung steht. Zufrieden blickt er auf das Partygetümmel um sich herum. Bildet er es sich nur ein oder machen die anderen Gäste einen Bogen um ihn herum? Da stinkt doch etwas zum Himmel …

MATERIAL

* Schachenmayr Catania (LL 125 m/ 50 g) in Kaffee (Fb 162), Soft Apricot (Fb 263) und Pfau (Fb 146), je 50 g
* Garnreste in fröhlichen Farben
* Füllwatte

KÖRPER

Arbeite mit Catania in Kaffee.

1. Rd: Fertige einen Magic-Ring an und häkle 6 fM in diesen hinein (= 6 fM).

2. Rd: Häkle 2 fM in jede 2. fM (= 9 fM).

3.+4. Rd: Häkle 9 fM.

5. Rd: Häkle 2 fM in jede 3. fM (= 12 fM).

6.+7. Rd: Häkle 3 fM, 6 hStb, 3 fM (= 12 M).

8. Rd: Häkle 2 fM in jede 2. M (= 18 fM).

9. Rd: Häkle 2 fM in jede 3. fM (= 24 fM).

10.+11. Rd: Häkle 24 fM.

12. Rd: Häkle jede 3. und 4. fM zusammen (= 18 fM).

13. Rd: Häkle 2 fM in jede 2. fM, dabei nur in das vordere M-Glied stechen (= 27 fM).

14. Rd: Häkle 2 fM in jede 3. fM (= 36 fM).

15. Rd: Häkle 2 fM in jede 4. fM (= 45 fM).

16. Rd: Häkle 2 fM in jede 5. fM (= 54 fM).

17.-22. Rd: Häkle 54 fM.

23. Rd: Häkle jede 5. und 6. fM zusammen (= 45 fM).

24. Rd: Häkle jede 4. und 5. fM zusammen (= 36 fM).

25. Rd: Häkle jede 3. und 4. fM zusammen (= 27 fM).

26. Rd: Häkle 2 fM in jede 3. fM, dabei nur in das vordere M-Glied stechen (= 36 fM).

Stopfe die Spitze aus.

27. Rd: Häkle 2 fM in jede 4. fM (= 45 fM).

28. Rd: Häkle 2 fM in jede 5. fM (= 54 fM).

29. Rd: Häkle 2 fM in jede 6. fM (= 63 fM).

30. Rd: Häkle 2 fM in jede 7. fM (= 72 fM).

31. Rd: Häkle 2 fM in jede 8. fM (= 81 fM).

32. Rd: Häkle 2 fM in jede 9. fM (= 90 fM).

33.-40. Rd: Häkle 90 fM.

41. Rd: Häkle jede 9. und 10. fM zusammen (= 81 fM).

42. Rd: Häkle jede 8. und 9. fM zusammen (= 72 fM).

43. Rd: Häkle jede 7. und 8. fM zusammen (= 63 fM).

44. Rd: Häkle jede 6. und 7. fM zusammen (= 54 fM).

45. Rd: Häkle jede 5. und 6. fM zusammen (= 45 fM).

46. Rd: Häkle jede 4. und 5. fM zusammen (= 36 fM).

Setze die Augen mit einem Abstand von 6 fM in der 18. Rd ein. Stopfe den restlichen Körper bis zur letzten Rd aus.

47. Rd: Häkle jede 3. und 4. fM zusammen (= 27 fM).

48. Rd: Häkle jede 2. und 3. fM zusammen (= 18 fM).

49. Rd: Häkle immer 2 fM zusammen (= 9 fM).

50. Rd: Häkle immer 2 fM zusammen, 1 fM (= 5 fM).

Masche ab, nähe die Öffnung zu und vernähe den Faden.

ARM (2x)

Arbeite mit Catania in Soft Apricot.

1. Rd: Fertige einen Magic-Ring an und häkle 6 fM in diesen hinein (= 6 fM).

2. Rd: Häkle 2 fM in jede 2. fM (= 9 fM).

3. Rd: Häkle 9 fM.

4. Rd: Häkle 2 fM in jede 3. fM (= 12 fM).

5. Rd: Häkle 12 fM.

6. Rd: Häkle jede 2. und 3. fM zusammen (= 8 fM).

Stopfe die Hand aus, aber nicht den Arm.

7.-16. Rd: Häkle 8 fM.

Masche ab und schneide den Faden so lang ab, dass du damit den Arm genau im Knick an den Körper nähen kannst (in der 26. Rd).

BEIN (2x)

Beginne mit Catania in Pfau.

1. R: Häkle eine Lm-Kette aus 10 Lm.

2. Rd: Häkle 1 fM in die 2. Lm von der Häkelnd aus, 7 fM, 3 fM in die letzte Lm, an der anderen Seite 7 fM, 2 fM in die letzte Lm (= 20 M).

3. Rd: Häkle 2 fM in die 1., 2., 9., 10., 11., 12., 19. und 20. fM (= 28 fM).

4. Rd: Häkle 2 fM in die 2., 3., 12., 13., 16., 17., 26. und 27. fM (= 36 fM).

5. Rd: Häkle 36 fM, dabei nur in das hintere M-Glied einstechen (= 36 fM).

6. Rd: Häkle 36 hStb, dabei nur in das hintere M-Glied einstechen (= 36 M).

7. Rd: Häkle 12 fM, 6x [häkle die nächsten 2 fM zusammen], 12 fM (= 30 fM).

8. Rd: Häkle 9 fM, 6x [häkle die nächsten 2 fM zusammen], 9 fM (= 24 fM).

9. Rd: Häkle die ersten 2 fM zusammen, 6 fM, 4x [häkle die nächsten 2 fM zusammen], 6 fM, häkle die letzten 2 fM zusammen (= 18 fM).

Stopfe die Füße aus, bis du die letzte Rd erreicht hast.

Fb-Wechsel: weiter mit Catania in Soft Apricot.

10. Rd: Häkle 18 fM.

11. Rd: Häkle jede 2. und 3. fM zusammen, dabei jeweils nur in das hintere M-Glied einstechen (= 12 fM).
12.-14. Rd: Häkle 12 fM.
Masche ab und schneide den Faden so lang ab, dass du damit das Bein unten an den Körper nähen kannst.

KONFETTI

Arbeite mit Garnresten in fröhlichen Farben.
Du kannst natürlich so viel Konfetti aufsticken, wie du möchtest, und auch andere Farben verwenden. Ich fand das eine prima Methode, meine Garnreste zu verarbeiten.

Stich mit einer Stopfnadel in irgendeine M hinein und durch eine beliebige andere M wieder nach außen (1). Achte darauf, am Anfang ein kleines Stück Faden hängen zu lassen (diesen Faden kannst du später vernähen). Wickle den Faden 4-mal um die Nd (2). Stich dann in eine M neben der M, an der der Faden herauskommt (3). Nicht in dieselbe M, sonst verschwindet das Knötchen! Stich die Nd jetzt durch eine anderen M wieder nach außen (4) und achte darauf, dass du die Nd durch alle Garnwicklungen gezogen hast. Ziehe das entstandene Knötchen fest (5). Wiederhole diese Arbeitsschritte so oft, wie du möchtest, bis Party-Muffel mit genügend Konfetti bestreut ist.

1

2

3

4

5

Nachtfalter

SCHWIERIGKEITSGRAD ★☆☆☆☆

Auch für Anfänger gut zu häkeln.

Die meisten Motten werden vom Licht angezogen, doch Nachtfalter fliegt auf Mauerblümchen. Beide sind unzertrennlich. Nachtfalter ist das Lieblingskuscheltier von Mauerblümchen und feiert die Nächte liebend gerne durch. Und das passt gut. Denn so sorgt er dafür, dass Mauerblümchen es ab und zu einmal wagt, sich von ihrer Mauer zu lösen und mitzufeiern – wenn auch auf ihre eigene, etwas eigentümliche Art. Nachtfalter vereint die Farben der Nacht, für ihn beginnt nämlich eine richtig gute Party erst lange nach Mitternacht. Mit Mauerblümchen im Schlepptau flattert Nachtfalter bis in die frühen Morgenstunden über den Tanzboden.

± 10 cm

MATERIAL

* Schachenmayr Catania (LL 125 m/50 g) in Pfau (Fb 146), Schwarz (Fb 110), Fresie (Fb 251) und Hyazinth (Fb 240), je 50 g
* Füllwatte
* 2 Sicherheitsaugen, ø 12 mm
* Häkelnadel 3,0 mm

KOPF

Arbeite mit Catania in Pfau.

1. Rd: Fertige einen Magic-Ring an und häkle 6 fM in diesen hinein (= 6 fM).

2. Rd: Häkle 2 fM in jede fM (= 12 fM).

3. Rd: Häkle 2 fM in jede 2. fM (= 18 fM).

4. Rd: Häkle 2 fM in jede 3. fM (= 24 fM).

5. Rd: Häkle 24 fM.

6. Rd: Häkle 2 fM in jede 8. fM (= 27 fM).

7. Rd: Häkle 2 fM in jede 9. fM (= 30 fM).

8. Rd: Häkle 2 fM in jede 10. fM (= 33 fM).

9. Rd: Häkle 2 fM in jede 11. fM (= 36 fM).

10. Rd: Häkle 2 fM in jede 6. fM (= 42 fM).

11.-16. Rd: Häkle 42 fM.

17. Rd: Häkle jede 6. und 7. fM zusammen (= 36 fM).

18. Rd: Häkle jede 5. und 6. fM zusammen (= 30 fM).

19. Rd: Häkle jede 4. und 5. fM zusammen (= 24 fM).

20. Rd: Häkle jede 3. und 4. fM zusammen (= 18 fM).

Setze die Augen mit einem Abstand von 7 fM in der 13. Rd ein. Stopfe den Kopf aus, bis du die letzte Rd erreicht hast.

21. Rd: Häkle jede 2. und 3. fM zusammen (= 12 fM).

22. Rd: Häkle immer 2 fM zusammen (= 6 fM).

Masche ab und vernähe den Faden.

KÖRPER

Arbeite mit Catania in Pfau.

1. Rd: Fertige einen Magic-Ring an und häkle 8 fM in diesen hinein (= 8 fM).

2. Rd: Häkle 2 fM in jede fM (= 16 fM).

3. Rd: Häkle 2 fM in jede 2. fM (= 24 fM).

4. Rd: Häkle 2 fM in jede 4. fM (= 30 fM).

5. Rd: Häkle 2 fM in jede 5. fM (= 36 fM).

6. Rd: Häkle 36 fM, dabei nur in das hintere M-Glied einstechen (= 36 fM).

7.+8. Rd: Häkle 36 fM.

9. Rd: Häkle jede 11. und 12. fM zusammen (= 33 fM).

10. Rd: Häkle jede 10. und 11. fM zusammen (= 30 fM).

11. Rd: Häkle jede 9. und 10. fM zusammen (= 27 fM).

12. Rd: Häkle jede 8. und 9. fM zusammen (= 24 fM).

13. Rd: Häkle jede 7. und 8. fM zusammen (= 21 fM).

14. Rd: Häkle jede 6. und 7. fM zusammen (= 18 fM).

15. Rd: Häkle jede 5. und 6. fM zusammen (= 15 fM).

16. Rd: Häkle jede 4. und 5. fM zusammen (= 12 fM).

Stopfe den Körper aus. Masche ab und schneide den Faden so lang ab, dass du damit den Körper an den Kopf nähen kannst.

ARM (2x)

Arbeite mit Catania in Pfau.

1. Rd: Fertige einen Magic-Ring an und häkle 6 fM in diesen hinein (= 6 fM).

2.-12. Rd: Häkle 6 fM.

Masche ab und schneide den Faden so lang ab, dass du damit den Arm an den Körper nähen kannst.

BEIN (2x)

Arbeite mit Catania in Pfau.

1. Rd: Fertige einen Magic-Ring an und häkle 6 fM in diesen hinein (= 6 fM).

2. Rd: Häkle 2 fM in jede fM (= 12 fM).

3. Rd: Häkle 2 fM in jede 2. fM (= 18 fM).

4.-6. Rd: Häkle 18 fM.

7. Rd: Häkle jede 2. und 3. fM zusammen (= 12 fM).

8.+9. Rd: Häkle 12 fM.

Stopfe das Bein aus. Masche ab und schneide den Faden so lang ab, dass du damit das Bein an den Körper nähen kannst.

FÜHLER (2x)

Arbeite mit Catania in Schwarz.

1. Rd: Fertige einen Magic-Ring an und häkle 6 fM in diesen hinein (= 6 fM).

2.-6. Rd: Häkle 6 fM.

Masche ab und schneide den Faden so lang ab, dass du damit den Fühler an den Kopf nähen kannst.

KLEINER FLÜGEL (2x)

Beginne mit Catania in Fresie.

1. Rd: Fertige einen Magic-Ring an und häkle 6 fM in diesen hinein (= 6 fM).

2. Rd: Häkle 2 fM in jede fM (= 12 fM).

3. Rd: Häkle 2 fM in jede 2. fM (= 18 fM).

4. Rd: Häkle 2 fM in jede 3. fM (= 24 fM).

Fb-Wechsel: weiter mit Catania in Hyazinth.

5. Rd: Häkle 2 fM in jede 4. fM (= 30 fM).
Lege die Flügel zur Hälfte zusammen und häkle noch 15 fM an den Seitenkanten entlang.
Masche ab und schneide den Faden so lang ab, dass du damit den unteren Flügel an den Körper nähen kannst.

GROSSER FLÜGEL (2x)

Beginne mit Catania in Fresie.

1. Rd: Fertige einen Magic-Ring an und häkle 6 fM in diesen hinein (= 6 fM).
2. Rd: Häkle 2 fM in jede fM (= 12 fM).
3. Rd: Häkle 2 fM in jede 2. fM (= 18 fM).
4. Rd: Häkle 2 fM in jede 3. fM (= 24 fM).
5. Rd: Häkle 2 fM in jede 4. fM (= 30 fM).
6. Rd: Häkle 2 fM in jede 5. fM (= 36 fM).
7. Rd: Häkle 2 fM in jede 6. fM (= 42 fM).

Fb-Wechsel: weiter mit Catania in Hyazinth.
8. Rd: Häkle 2 fM in jede 7. fM (= 48 fM).
Falte die Flügel zur Hälfte zusammen und häkle noch 24 fM an den Seitenkanten entlang.
Masche ab und schneide den Faden so lang ab, dass du damit den oberen Flügel an den Körper nähen kannst.

Mauer-blümchen

SCHWIERIGKEITSGRAD ★★☆☆☆

Für jemanden, der Kostümpartys liebt, ist Mauerblümchen eigentlich zu schüchtern. Aber was soll's, wer gerne tanzt und sich verkleidet, muss da durch. Auf völlig durchgedrehten Partys, wenn alle begeistert die Tanzfläche stürmen, drückt sie sich dann aber doch manchmal an die Mauer und schielt zu DenDennis und seinen Freunden, die die albernsten Moves ausprobieren. Mauerblümchen hofft, dass Nachtfalter sie auch dieses Mal wieder zum Tanzen auffordert. Dann blüht sie so richtig auf. Hoffentlich übersieht er sie heute nicht, an ihrer blütenweißen Partykrone und dem frechen grünen Partykleid wird es jedenfalls nicht liegen.

MATERIAL

* Schachenmayr Catania (LL 125 m/50 g) in Soft Apricot (Fb 263), Sonne (Fb 208), Weiß (Fb 106), Golfgrün (Fb 241), je 50 g
* Füllwatte
* 2 Sicherheitsaugen, ø 15 mm
* Häkelnadel 3,5 mm

TIPPS ZUM HÄKELN MIT BAUMWOLLE

1

Wenn du Mauerblümchen nur mit einem Baumwollgarn wie Catania häkelst, stimmt die Anleitung nicht. Bei den Haaren lässt du am besten die 22.-24. Rd weg, dann sitzen sie besser. Beim Kleid kannst du auch die 10.-11. Rd übergehen.

2

Wenn du Baumwolle verwendest, brauchst du die Blätter nicht auszustopfen. Baumwolle behält besser die Form. So kannst du die Blütenblätter flach an den Kopf nähen.

3

Eventuell brauchst du auch 1 bis 2 Blütenblätter weniger. Stecke sie zunächst der Reihe nach mit Stecknadeln fest.

KOPF

Arbeite mit Catania in Soft Apricot.

1. Rd: Fertige einen Magic-Ring an und häkle 6 fM in diesen hinein (= 6 fM).
2. Rd: Häkle 2 fM in jede fM (= 12 fM).
3. Rd: Häkle 2 fM in jede 2. fM (= 18 fM).
4. Rd: Häkle 2 fM in jede 3. fM (= 24 fM).
5. Rd: Häkle 2 fM in jede 4. fM (= 30 fM).
6. Rd: Häkle 2 fM in jede 5. fM (= 36 fM).
7. Rd: Häkle 2 fM in jede 6. fM (= 42 fM).
8. Rd: Häkle 2 fM in jede 7. fM (= 48 fM).
9. Rd: Häkle 2 fM in jede 8. fM (= 54 fM).
10. Rd: Häkle 2 fM in jede 9. fM (= 60 fM).
11. Rd: Häkle 2 fM in jede 10. fM (= 66 fM).
12. Rd: Häkle 2 fM in jede 11. fM (= 72 fM).

13.-22. Rd: Häkle 72 fM.

23. Rd: Häkle jede 11. und 12. fM zusammen (= 66 fM).

24.-27. Rd: Häkle 66 fM.

28. Rd: Häkle jede 10. und 11. fM zusammen (= 60 fM).

29.-32. Rd: Häkle 60 fM.

Setze die Augen im Abstand von 9 fM in der 23. Rd ein. Stopfe den Kopf bis zur letzten Rd aus.

33. Rd: Häkle jede 5. und 6. fM zusammen (= 50 fM).
34. Rd: Häkle jede 4. und 5. fM zusammen (= 40 fM).
35. Rd: Häkle jede 3. und 4. fM zusammen (= 30 fM).
36. Rd: Häkle jede 2. und 3. fM zusammen (= 20 fM).
37. Rd: Häkle immer 2 fM zusammen (= 10 fM).
38. Rd: Häkle immer 2 fM zusammen (= 5 fM).

Masche ab, nähe die Öffnung mit dem Faden zu.

OHR (2x)

Arbeite mit Catania in Soft Apricot.

1. Rd: Fertige einen Magic-Ring an und häkle 6 fM in diesen hinein (= 6 fM).
2. Rd: Häkle 2 fM in jede fM (= 12 fM).

3.+4. Rd: Häkle 12 fM.

Masche ab und schneide den Faden so lang ab, dass du damit das Ohr an den Kopf nähen kannst.

HAARE

Arbeite mit Catania in Sonne.

1. Rd: Fertige einen Magic-Ring an und häkle 6 fM in diesen hinein (= 6 fM).
2. Rd: Häkle 2 fM in jede fM (= 12 fM).
3. Rd: Häkle 2 fM in jede 2. fM (= 18 fM).
4. Rd: Häkle 2 fM in jede 3. fM (= 24 fM).
5. Rd: Häkle 2 fM in jede 4. fM (= 30 fM).
6. Rd: Häkle 2 fM in jede 5. fM (= 36 fM).
7. Rd: Häkle 2 fM in jede 6. fM (= 42 fM).
8. Rd: Häkle 2 fM in jede 7. fM (= 48 fM).
9. Rd: Häkle 2 fM in jede 8. fM (= 54 fM).
10. Rd: Häkle 2 fM in jede 9. fM (= 60 fM).
11. Rd: Häkle 2 fM in jede 10. fM (= 66 fM).
12. Rd: Häkle 2 fM in jede 11. fM (= 72 fM).

13.-20. Rd: Häkle 72 fM.

21. Rd: Häkle jede 11. und 12. fM zusammen (= 66 fM).

22.-24. Rd: Häkle 66 fM.

25.+26. Rd: Häkle 1 Km, 1 fM, 1 hStb, 1 Stb, 4 DStb, 1 Stb, 1 hStb, 1 fM, 1 Km, 1 fM, 1 hStb, 38 Stb, 1 hStb, 1 fM, 1 Km, 1 fM, 1 hStb, 1 Stb, 4 DStb, 1 Stb, 1 hStb, 1 fM, 1 Km.

Masche ab und schneide den Faden so lang ab, dass du damit die Haare an den Kopf nähen kannst.

BEIN (2x) UND KÖRPER

Arbeite beide Beine mit Catania in Soft Apricot.

1. Rd: Fertige einen Magic-Ring an und häkle 8 fM in diesen hinein (= 8 fM).

2. Rd: Häkle 2 fM in jede fM (= 16 fM).

3. Rd: Häkle 2 fM in jede 2. fM (= 24 fM).

4.+5. Rd: Häkle 24 fM.

6. Rd: Häkle die 10. und 11., die 12. und 13. und die 14. und 15. fM zusammen (= 21 fM).

7. Rd: Häkle die 9. und 10., die 11. und 12. und die 13. und 14. fM zusammen (= 18 fM).

8. Rd: Häkle die 7. und 8., die 9. und 10. und die 11. und 12. fM zusammen (= 15 fM).

9.-30. Rd: Häkle 15 fM.

Masche ab und vernähe den Faden. Stopfe das Bein aus. Halte beide Beine nebeneinander. Wechsle jetzt zu Catania in Weiß, um die Unterhose zu häkeln.

1. Rd: Häkle beide Beine mit 3 fM aneinander. Häkle anschließend 24 fM über beide Beine (= 24 fM).

2. Rd: Häkle 2 fM in jede 4. fM (= 30 fM).

3. Rd: Häkle 2 fM in jede 5. fM (= 36 fM).

4. Rd: Häkle 36 fM.

Fb-Wechsel: weiter mit Catania in Soft Apricot.

5. Rd: Häkle 36 fM.

6. Rd: Häkle jede 5. und 6. fM zusammen (= 30 fM).

7. Rd: Häkle jede 9. und 10. fM zusammen (= 27 fM).

8. Rd: Häkle jede 8. und 9. fM zusammen (= 24 fM).

9.-17. Rd: Häkle 24 fM.

Stopfe den Körper aus, bis du die letzte Rd erreicht hast.

18. Rd: Häkle jede 2. und 3. fM zusammen (= 16 fM).

19. Rd: Häkle 16 fM.

Masche ab, schneide den Faden so lang ab, dass du damit den Körper an den Kopf nähen kannst.

ARM (2x)

Arbeite mit Catania in Soft Apricot.

1. Rd: Fertige einen Magic-Ring an und häkle 6 fM in diesen hinein (= 6 fM).

2. Rd: Häkle 2 fM in jede fM (= 12 fM).

3. Rd: Häkle 2 fM in jede 4. fM (= 15 fM).

4. Rd: Häkle 2 fM in jede 5. fM (= 18 fM).

5.-7. Rd: Häkle 18 fM.

8. Rd: 1 Noppen (= 4 M), häkle die 2. und 3. fM zusammen, häkle anschließend jede 2. und 3. fM zusammen (= 12 fM).

9. Rd: Häkle jede 5. und 6. fM zusammen (= 10 fM).

Stopfe die Hand aus.

10.-30. Rd: Häkle 10 fM.

Masche ab und schneide den Faden so lang ab, dass du damit den Arm an den Körper nähen kannst. Stopfe den restlichen Arm nicht zu fest aus.

KLEID

Arbeite mit Catania in Golfgrün.

1. Rd: Häkle eine Lm-Kette aus 30 Lm und schließe die Kette mit 1 Km.

2.-6. Rd: 3 Lm, 30 Stb, 1 Km in das 1. Stb (= 30 M).

7. Rd: 4 Lm, 1 DStb in dasselbe Stb, häkle 2 DStb in jedes Stb, 1 Km in das 1. DStb (= 60 M).

8.-13. Rd: 4 Lm, häkle 59 DStb, 1 Km in das 1. DStb (= 60 M).

14. Rd: 10x [übergehe 2 DStb, häkle (2 Stb, 2 DStb, 2 Stb) in das 3. DStb, übergehe 2 DStb, 1 fM in das 6. DStb].

Masche ab und vernähe den Faden.

KRAGEN

Arbeite mit Catania in Golfgrün. Beginne an der Rückseite des Kleides.

1. R: Häkle 1 fM an die Oberkante des Kleides, 8 fM, 10 Lm, übergehe 6 fM, 9 fM, 10 Lm, übergehe 6 fM, 1 Km in die 1. fM.

2. R: Häkle 8 fM, häkle entlang der Lm-Kette [2 fM, übergehe 2 Lm, häkle (2 Stb, 2 DStb, 2 Stb) in die 5. Lm, übergehe 2 Lm, 1 fM in die 8. Lm, 2 fM], 9 fM, häkle auf der Lm-Kette [2 fM, übergehe 2 Lm, häkle (2 Stb, 2 DStb, 2 Stb) in die 5. Lm, übergehe 2 Lm, 1 fM in die 8. Lm, 2 fM].

Masche ab und vernähe den Faden.

BLÜTENBLATT (12x)

Arbeite mit Catania in Weiß.

1. Rd: Fertige einen Magic-Ring an und häkle 6 fM in diesen hinein (= 6 fM).

2. Rd: Häkle 2 fM in jede fM (= 12 fM).

3. Rd: Häkle 2 fM in jede 2. fM (= 18 fM).

4. Rd: Häkle 2 fM in jede 3. fM (= 24 fM).

5.-10. Rd: Häkle 24 fM.

11. Rd: Häkle jede 7. und 8. fM zusammen (= 21 fM).

12. Rd: Häkle jede 6. und 7. fM zusammen (= 18 fM).

13. Rd: Häkle jede 5. und 6. fM zusammen (= 15 fM).

14. Rd: Häkle jede 4. und 5. fM zusammen (= 12 fM).

Stopfe das Blütenblatt aus, masche ab und schneide den Faden so lang ab, dass du damit das Blütenblatt an den Kopf nähen kannst. Nähe das Blütenblatt mit der Oberkante in der 20. Rd fest.

Packesel

SCHWIERIGKEITSGRAD ★★★☆☆

Gut aufpassen, wenn du die Seiten des Geschenks zusammennähst.

Eine gute Party braucht verrückte Gäste, bunte Girlanden, leckere Snacks und Limo! Dann wird es ein lustiges Fest, aber das Wichtigste würde fehlen: die Geschenke! Die Spannung, was wohl unter dem Papier verborgen sein mag! Das ist doch immer wieder das Schönste. Glücklicherweise ist Packesel heute auch mit von der Partie: Unermüdlich schleppt er ein Päckchen nach dem anderen an. Woher? Wir wissen es nicht ...

± 15 cm

MATERIAL

* Schachenmayr Catania (LL 125 m/ 50 g) in Leinen (Fb 248), Graphit (Fb 393), Pfau (Fb 146), Stein (Fb 242) und Sonne (Fb 208), je 50 g
* Füllwatte
* 2 Sicherheitsaugen, ø 12 mm
* Häkelnadel 3,5 mm

KOPF

Beginne mit Catania in Leinen.

1. Rd: Fertige einen Magic-Ring an und häkle 6 fM in diesen hinein (= 6 fM).

2. Rd: Häkle 2 fM in jede fM (= 12 fM).

3. Rd: Häkle 2 fM in jede 2. fM (= 18 fM).

4. Rd: Häkle 2 fM in jede 3. fM (= 24 fM).

5. Rd: Häkle 2 fM in jede 4. fM (= 30 fM).

6. Rd: Häkle 2 fM in jede 5. fM (= 36 fM).

7.-10. Rd: Häkle 36 fM.

Fb-Wechsel: weiter mit Catania in Stein.

11. Rd: Häkle 36 fM.

12. Rd: Häkle jede 11. und 12. fM zusammen (= 33 fM).

13. Rd: Häkle 33 fM.

14. Rd: Häkle jede 10. und 11. fM zusammen (= 30 fM).

15. Rd: Häkle 30 fM.

16. Rd: Häkle jede 9. und 10. fM zusammen (= 27 fM).

17. Rd: Häkle 27 fM.

18. Rd: Häkle jede 8. und 9. fM zusammen (= 24 fM).

19. Rd: Häkle 24 fM.

20. Rd: Häkle jede 7. und 8. fM zusammen (= 21 fM).

21. Rd: Häkle 21 fM.

22. Rd: Häkle jede 6. und 7. fM zusammen (= 18 fM).

Setze die Augen mit einem Abstand von 5 fM in der 18. Rd ein. Stopfe den Kopf bis zur letzten Rd aus.

23.-25. Rd: Häkle 18 fM.

26. Rd: Häkle jede 2. und 3. fM zusammen (= 12 fM).

27. Rd: Häkle immer 2 fM zusammen (= 6 fM).

Masche ab und vernähe den Faden.

OHR (2x)

Arbeite mit Catania in Stein.

1. Rd: Fertige einen Magic-Ring an und häkle 6 fM in diesen hinein (= 6 fM).

2. Rd: Häkle 6 fM.

3. Rd: Häkle 2 fM in jede 2. fM (= 9 fM).

4. Rd: Häkle 9 fM.

5. Rd: Häkle 2 fM in jede 3. fM (= 12 fM).

6. Rd: Häkle 12 fM.

7. Rd: Häkle 2 fM in jede 4. fM (= 15 fM).

8. Rd: Häkle 15 fM.

9. Rd: Häkle 2 fM in jede 5. fM (= 18 fM).

10.+11. Rd: Häkle 18 fM.

12. Rd: Häkle jede 5. und 6. fM zusammen (= 15 fM).

13. Rd: Häkle jede 4. und 5. fM zusammen (= 12 fM).

14. Rd: Häkle jede 3. und 4. fM zusammen (= 9 fM).

Masche ab und schneide den Faden so lang ab, dass du damit das Ohr an den Kopf nähen kannst.

KÖRPER ALS GESCHENKPAKET

Arbeite mit Catania in Pfau.

Langes Seitenteil (4x)

1. R: Häkle eine Lm-Kette aus 8 Lm.

2. Rd: Häkle 1 fM in die 2. Lm von der Häkelnd aus, 5 fM, 3 fM in die letzte Lm, an der anderen Seite 5 fM, 2 fM in die letzte Lm (= 16 fM).

3. Rd: Häkle 3 fM in die 1., 8., 9. und 16. fM (= 24 fM).

4. Rd: Häkle [1 fM, 1 hStb, 1 fM] in die 2., 11., 14. und 23. fM (= 32 M).

5. Rd: Häkle [1 fM, 1 hStb, 1 fM] in die 3., 14., 19. und 30. M (= 40 M).

6. Rd: Häkle [1 fM, 1 hStb, 1 fM] in die 4., 17., 24. und 37. M (= 48 M).

Häkle anschließend 5 fM bis an die Ecke.

Masche das erste lange Seitenteil ab. Sobald das zweite fertig ist, hältst du beide mit den Rückseiten aneinander und häkelst sie mit 15 Km aneinander. Häkle dabei nur durch die hinteren M-Glieder. Häkle die beiden anderen langen Seitenteile genauso aneinander. Wenn du das letzte lange Seitenteil festhäkelst, arbeitest du am besten erst 9 Km an der kurzen Seite, damit du an der anderen Seite weiterhäkeln kannst.

Kurzes Seitenteil (2x)

1. Rd: Fertige einen Magic-Ring an und häkle 8 fM in diesen hinein (= 8 fM).

2. Rd: Häkle 3 fM in jede 2. fM (= 16 fM).

3. Rd: Häkle [1 fM, 1 hStb, 1 fM] in die 3., 7., 11. und 15. M (= 24 M).

4. Rd: Häkle [1 fM, 1 hStb, 1 fM] in die 4., 10., 16. und 22. M (= 32 M).

Häkle anschließend weiter bis an die Ecke. Häkle dann die kurzen Seitenteile mit Km nur in den hinteren M-Gliedern an die langen Seiten.

Vergiss beim letzten Seitenteil nicht, das Geschenkpaket auszustopfen, bevor du alle Seiten schließt.

Masche ab und vernähe den Faden.

BEIN (4x)

Beginne mit Catania in Graphit.

1. Rd: Fertige einen Magic-Ring an und häkle 8 fM in diesen hinein (= 8 fM).

2. Rd: Häkle 2 fM in jede fM (= 16 fM).

3. Rd: Häkle 2 fM in jede 2. fM (= 24 fM).

4. Rd: Häkle 24 fM, dabei nur in das hintere M-Glied einstechen (= 24 fM).

5. Rd: Häkle 24 fM.

Fb-Wechsel: weiter mit Catania in Stein.

6. Rd: Häkle 6 fM, 6x [häkle die nächsten 2 fM zusammen], 6 fM (= 18 fM).

7. Rd: Häkle 6 fM, 3x [häkle die nächsten 2 fM zusammen], 6 fM (= 15 fM).

8. Rd: Häkle jede 4. und 5. fM zusammen (= 12 fM).

9.-11. Rd: Häkle 12 fM.

Masche ab und schneide den Faden so lang ab, dass du das Bein unten an den Körper nähen kannst. Stopfe das Bein vorher aus.

GELBES BAND

Arbeite mit Catania in Sonne.

1. R: Häkle eine Lm-Kette aus 6 Lm.

2. R: Häkle 1 fM in die 2. Lm von der Häkelnd aus, häkle 4 fM (= 5 fM).

3. R: Häkle 1 Lm, wende, häkle 5 fM (= 5 fM).

Wiederhole die 3. R so oft, bis das Band genau um den Körper passt.

Nähe das Band anschließend am Bauch fest.

TIPP: Ich habe das Band etwas kürzer gehäkelt und ganz straff um den Körper gebunden.

SCHLAUFE (2x)

Arbeite mit Catania in Sonne.

1. R: Häkle eine Lm-Kette aus 6 Lm.

2. R: Häkle 1 fM in die 2. Lm von der Häkelnd aus, häkle 4 fM (= 5 fM).

3.-26. R: Häkle 1 Lm, wende, häkle 5 fM (= 5 fM).

Lege die Schlaufe einmal zusammen und häkle die erste und die letzte R mit 5 fM zusammen. Masche ab und schneide den Faden so lang ab, dass du damit die Schlaufe oben auf den Rücken nähen kannst.

Lege die Schlaufen oben auf dem Band flach aufeinander und nähe gleichzeitig beide Schlaufen zusammen und auf das Band.

SCHWANZ

Arbeite mit Catania in Stein.

1. Rd: Fertige einen Magic-Ring an und häkle 6 fM in diesen hinein (= 6 fM).

2.-6. Rd: Häkle 6 fM.

Masche ab und schneide den Faden so lang ab, dass du damit den Schwanz an den Körper nähen kannst. Den Schwanz nicht ausstopfen.

SCHWANZQUASTE

Schneide 6 etwa 8 cm lange Fäden in Graphit ab und lege sie zur Hälfte. Stich die Häkelnd durch eine fM in der 1. Rd des Schwanzes. Hole den Faden (1). Ziehe den Faden durch die fM und hole die beiden Enden (2) durch die Schlaufe auf der Häkelnd (3). Arbeite genauso bei den anderen fM in der 1. Rd des Schwanzes (4). Ziehe mit einer Nd alle offenen Fadenenden auseinander, sodass sie flauschiger werden.

1

2

3

4

Discokugel

SCHWIERIGKEITSGRAD ★★☆☆☆

Recht einfach zu häkeln, doch du brauchst etwas Geduld, um alle Punkte auf den Bauch zu nähen.

Eine Party wäre keine Party, wenn Discokugel nicht für Stimmung sorgt. Er ist der funkelnste Stimmungsmacher auf jedem Fest, sei es nun klein, groß, laut oder leise. Zusammen mit seinem Cousin Packesel ist er unverzichtbar für das Gelingen einer jeden Party. Mithilfe eines perfekt ausgerichteten Lichtspots und seines ausgeprägten Gefühls für Stimmung, Farbe und Timing kann er jeden Festsaal in ein Meer aus gespiegelten Lichtern verwandeln. Aber er ist sehr bescheiden und nutzt seine legendären Eigenschaften nur dazu, den anderen Partybesuchern Freude zu bereiten.

MATERIAL

* Schachenmayr Cotton Time (LL 88 m/50 g) in Natur (Fb 02), Sonne (Fb 22) und Graphit (Fb 98), je 50 g
* Garnreste in fröhlichen Farben
* Füllwatte
* 2 Sicherheitsaugen, ø 12 mm
* Häkelnadel 3,5 mm

± 25 cm

KOPF

Beginne an der Schnauze mit Cotton Time in Natur.

1. Rd: Fertige einen Magic-Ring an und häkle 6 fM in diesen hinein (= 6 fM).

2. Rd: Häkle 2 fM in jede fM (= 12 fM).

3. Rd: Häkle 2 fM in jede 2. fM (= 18 fM).

4. Rd: Häkle 2 fM in jede 3. fM (= 24 fM).

5. Rd: Häkle 2 fM in jede 4. fM (= 30 fM).

6. Rd: Häkle 2 fM in jede 5. fM (= 36 fM).

7.-10. Rd: Häkle 36 fM.

Fb-Wechsel: weiter mit Cotton Time in Sonne.

11. Rd: Häkle 36 fM.

12. Rd: Häkle jede 11. und 12. fM zusammen (= 33 fM).

13. Rd: Häkle 33 fM.

14. Rd: Häkle jede 10. und 11. fM zusammen (= 30 fM).

15. Rd: Häkle 30 fM.

16. Rd: Häkle jede 9. und 10. fM zusammen (= 27 fM).

17. Rd: Häkle 27 fM.

18. Rd: Häkle jede 8. und 9. fM zusammen (= 24 fM).

19. Rd: Häkle 24 fM.

20. Rd: Häkle jede 7. und 8. fM zusammen (= 21 fM).

21. Rd: Häkle 21 fM.

22. Rd: Häkle jede 6. und 7. fM zusammen (= 18 fM).

Setze die Augen mit einem Abstand von 5 fM in der 18. Rd ein. Stopfe den Kopf bis zur letzten Rd aus.

23.-25. Rd: Häkle 18 fM.

26. Rd: Häkle jede 2. und 3. fM zusammen (= 12 fM).

27. Rd: Häkle immer 2 fM zusammen (= 6 fM).

Masche ab und vernähe den Faden.

KÖRPER

Arbeite mit Cotton Time in Sonne.

1. Rd: Fertige einen Magic-Ring an und häkle 8 fM in diesen hinein (= 8 fM).

2. Rd: Häkle 2 fM in jede fM (= 16 fM).

3. Rd: Häkle 2 fM in jede 2. fM (= 24 fM).

4. Rd: Häkle 2 fM in jede 4. fM (= 30 fM).

5. Rd: Häkle 2 fM in jede 5. fM (= 36 fM).

6. Rd: Häkle 2 fM in jede 6. fM (= 42 fM).

7.-12. Rd: Häkle 42 fM.

13. Rd: Häkle jede 13. und 14. fM zusammen (= 39 fM).

14. Rd: Häkle jede 12. und 13. fM zusammen (= 36 fM).

15. Rd: Häkle die 17. und 18., die 19. und 20. und die 21. und 22. fM zusammen (= 33 fM).

16. Rd: Häkle jede 10. und 11. fM zusammen (= 30 fM).

17. Rd: Häkle die 14. und 15., die 16. und 17. und die 18. und 19. fM zusammen (= 27 fM).

Stopfe den Körper aus, bis du die letzte Rd erreicht hast.

18. Rd: Häkle jede 8. und 9. fM zusammen (= 24 fM).

19. Rd: Häkle jede 7. und 8. fM zusammen (= 21 fM).

20. Rd: Häkle jede 6. und 7. fM zusammen (= 18 fM).

21. Rd: Häkle jede 5. und 6. fM zusammen (= 15 fM).

22.-35. Rd: Häkle 15 fM.

Masche ab und schneide den Faden so lang ab, dass du damit den Körper an den Kopf nähen kannst. Falte den Nacken zusammen und nähe ihn in der 22. und 23. Rd an den Kopf.

HORN (2x)

Beginne mit Cotton Time in Graphit.

1. Rd: Fertige einen Magic-Ring an und häkle 6 fM in diesen hinein (= 6 fM).

2. Rd: Häkle 2 fM in jede fM (= 12 fM).

3.+4. Rd: Häkle 12 fM.

Fb-Wechsel: weiter mit Cotton Time in Sonne.

5. Rd: Häkle jede 2. und 3. fM zusammen (= 8 fM).

6.-8. Rd: Häkle 8 fM.

Stopfe das Horn aus. Masche ab und schneide den Faden lang ab. Nähe damit das Horn an den Kopf.

OHR (2x)

Arbeite mit Cotton Time in Sonne.

1. Rd: Fertige einen Magic-Ring an und häkle 6 fM in diesen hinein (= 6 fM).

2. Rd: Häkle 6 fM.

3. Rd: Häkle 2 fM in jede 2. fM (= 9 fM).

4. Rd: Häkle 2 fM in jede 3. fM (= 12 fM).

5. Rd: Häkle 2 fM in jede 4. fM (= 15 fM).

6. Rd: Häkle 2 fM in jede 5. fM (= 18 fM).

7. Rd: Häkle 18 fM.

8. Rd: Häkle jede 2. und 3. fM zusammen (= 12 fM).

Masche ab und schneide den Faden so lang ab, dass du damit das Ohr an den Kopf nähen kannst.

ARM (2x)

Beginne mit Cotton Time in Graphit.

1. Rd: Fertige einen Magic-Ring an und häkle 6 fM in diesen hinein (= 6 fM).

2. Rd: Häkle 2 fM in jede fM (= 12 fM).

3. Rd: Häkle 2 fM in jede 4. fM (= 15 fM).

4.-6. Rd: Häkle 15 fM.

7. Rd: Häkle jede 4. und 5. fM zusammen (= 12 fM).

Stopfe den Arm bis hierhin aus.

Fb-Wechsel: weiter mit Cotton Time in Sonne.

8. Rd: Häkle jede 2. und 3. fM zusammen (= 8 fM).

9.-17. Rd: Häkle 8 fM.

Masche ab und schneide den Faden so lang ab, dass du damit den Arm in der 19. Rd an den Körper nähen kannst.

BEIN (2x)

Beginne mit Cotton Time in Graphit.

1. Rd: Fertige einen Magic-Ring an und häkle 8 fM in diesen hinein (= 8 fM).

2. Rd: Häkle 2 fM in jede fM (= 16 fM).

3. Rd: Häkle 2 fM in jede 2. fM (= 24 fM).

4. Rd: Häkle 24 fM, dabei nur in das hintere M-Glied einstechen (= 24 fM).

5. Rd: Häkle 24 fM.

Fb-Wechsel: weiter mit Cotton Time in Sonne.

6. Rd: Häkle 24 fM.

7. Rd: Häkle 6 fM, 6x 2 M zusammen häkeln, 6 fM (= 18 fM).

8. Rd: Häkle jede 5. und 6. fM zusammen (= 15 fM).

9.-13. Rd: Häkle 15 fM.

Masche ab und schneide den Faden so lang ab, dass du damit das Bein an den Körper nähen kannst.

BUNTE PUNKTE

Verwende verschiedene fröhliche Farben.

1. Rd: Fertige einen Magic-Ring an und häkle 6 fM in diesen hinein (= 6 fM).

2. Rd: Häkle 2 fM in jede fM (= 12 fM).

Masche ab und schneide den Faden so lang ab, dass du damit die Punkte an den Körper nähen kannst. Ich habe 14 Stück in 5 verschiedenen Farben gehäkelt.

SCHWANZ

Arbeite mit Cotton Time in Sonne.

1. Rd: Fertige einen Magic-Ring an und häkle 6 fM in diesen hinein (= 6 fM).

2.-6. Rd: Häkle 6 fM.

Masche ab und schneide den Faden lang ab. Nähe damit den Schwanz an den Körper.

SCHWANZQUASTE

Arbeite die gleiche Schwanzquaste wie bei Packesel auf Seite 51.

Sternzeichen Widder

SCHWIERIGKEITSGRAD ★★★☆☆

Mit Lenja Soft zu häkeln ist recht anspruchsvoll, ansonsten ist Widder nicht sehr schwierig zu häkeln.

Neben einem enorm hohen Knuddelfaktor hat Widder auch einen beeindruckend hohen Punktestand beim Schutz vor Party-Schrecken: Wenn eine Party erst einmal so richtig gut läuft, kann es schnell passieren, dass so einiges aus dem Ruder gerät. Das stolze „V" für „Verantwortung" auf seiner Brust ist das Ehrenzeichen für die Garde, aus der Widder stammt. Denn, nehmen wir einmal eine Kostümparty wie die von DenDennis heute, bei der es wohl nicht lange dauern wird bis die ersten außer Rand und Band geraten, dann erscheint Widder auf der Tanzfläche, um die Gäste zu beruhigen und Störenfrieden eine Lektion zu erteilen. Wer stört, bekommt die Botschaft in aller Liebe und Freundschaft eingebläut.

MATERIAL

* Schachenmayr Catania (LL 125 m/50 g) in Bast (Fb 257) und Camel (Fb 179), je 50 g
* Schachenmayr Baby Smiles Lenja Soft (LL 85 m/25 g) in Weiß (Fb 1001), 25 g
* Füllwatte
* 2 Sicherheitsaugen, ø 12 mm
* Häkelnadel 3,5 mm

KOPF

Arbeite mit Catania in Bast.

1. Rd: Fertige einen Magic-Ring an und häkle 6 fM in diesen hinein (= 6 fM).

Steche in den Runden 2 bis 7 lediglich in das hintere M-Glied ein.

2. Rd: Häkle 2 fM in jede fM (= 12 fM).
3. Rd: Häkle 2 fM in jede 2. fM (= 18 fM).
4. Rd: Häkle 2 fM in jede 3. fM (= 24 fM).
5. Rd: Häkle 24 fM.
6. Rd: Häkle 2 fM in jede 8. fM (= 27 fM).
7. Rd: Häkle 2 fM in jede 9. fM (= 30 fM).

Nun wieder in beide M-Glieder einstechen.

8. Rd: Häkle 2 fM in jede 10. fM (= 33 fM).
9. Rd: Häkle 2 fM in jede 11. fM (= 36 fM).
10. Rd: Häkle 2 fM in jede 12. fM (= 39 fM).
11. Rd: Häkle 2 fM in jede 13. fM (= 42 fM).
12. Rd: Häkle 2 fM in jede 14. fM (= 45 fM).
13. Rd: Häkle 2 fM in jede 15. fM (= 48 fM).
14. Rd: Häkle 2 fM in jede 16. fM (= 51 fM).
15. Rd: Häkle 2 fM in jede 17. fM (= 54 fM).
16. Rd: Häkle 2 fM in jede 18. fM (= 57 fM).
17. Rd: Häkle 2 fM in jede 19. fM (= 60 fM).

18.-20. Rd: Häkle 60 fM.

Setze die Augen mit einem Abstand von 6 fM in der 14. Rd ein. Stopfe den Kopf aus, bis du die letzte Rd erreicht hast.

21. Rd: Häkle jede 9. und 10. fM zusammen (= 54 fM).
22. Rd: Häkle jede 8. und 9. fM zusammen (= 48 fM).
23. Rd: Häkle jede 5. und 6. fM zusammen (= 40 fM).
24. Rd: Häkle jede 3. und 4. fM zusammen (= 30 fM).
25. Rd: Häkle jede 2. und 3. fM zusammen (= 20 fM).
26. Rd: Häkle immer 2 fM zusammen (= 10 fM).
27. Rd: Häkle immer 2 fM zusammen (= 5 fM).

Arbeite als letzte Masche eine Km. Nähe die Öffnung zu und vernähe den Faden.

Häkle von der 1.-7. Rd mit Lenja Soft in alle vorderen M-Glieder.

Masche ab und vernähe den Faden.

HORN (2x)

Arbeite mit Catania in Camel.

1. Rd: Fertige einen Magic-Ring an und häkle 8 fM in diesen hinein (= 8 fM).
2. Rd: Häkle 2 fM in jede fM (= 16 fM).
3. Rd: Häkle 2 fM in jede 2. fM (= 24 fM).
4. Rd: Häkle 2 fM in jede 3. fM (= 32 fM).

5.+6. Rd: Häkle 32 fM (= 32 fM).

7. Rd: Häkle jede 3. und 4. fM zusammen (= 24 fM).

Masche ab und schneide den Faden so lang ab, dass du damit das Horn an den Kopf nähen kannst.

KÖRPER

Arbeite mit Catania in Bast.

Häkle beim Körper nur in die hinteren M-Glieder.

Eigentlich könntest du auch ein andersfarbiges Garn verwenden, denn man sieht es durch das wollige Lenja Soft nicht.

Du könntest den Körper auch direkt mit Lenja Soft arbeiten, dann brauchst du nicht in die hinteren M-Glieder zu häkeln, aber das ist ziemlich schwierig.

1. Rd: Fertige einen Magic-Ring an und häkle 8 fM in diesen hinein (= 8 fM).

Steche in den Runden 2 bis 18 lediglich in das hintere M-Glied ein.

2. Rd: Häkle 2 fM in jede fM (= 16 fM).
3. Rd: Häkle 2 fM in jede 2. fM (= 24 fM).
4. Rd: Häkle 2 fM in jede 3. fM (= 32 fM).
5. Rd: Häkle 2 fM in jede 4. fM (= 40 fM).
6. Rd: Häkle 2 fM in jede 5. fM (= 48 fM).

7.-10. Rd: Häkle 48 fM.

11. Rd: Häkle jede 7. und 8. fM zusammen (= 42 fM).
12. Rd: Häkle 42 fM.
13. Rd: Häkle jede 6. und 7. fM zusammen (= 36 fM).
14. Rd: Häkle 36 fM.
15. Rd: Häkle jede 5. und 6. fM zusammen (= 30 fM).
16. Rd: Häkle 30 fM.
17. Rd: Häkle jede 4. und 5. fM zusammen (= 24 fM).
18. Rd: Häkle 24 fM.

Masche ab und schneide den Faden so lang ab, dass du damit den Körper an die Unterseite des Kopfes nähen kannst.

Häkle anschließend mit Lenja Soft in Weiß mit doppeltem Faden in alle vorderen M-Glieder des Körpers.

Masche ab und vernähe den Faden.

BEIN (2X)

Arbeite mit Catania in Bast.

1. Rd: Fertige einen Magic-Ring an und häkle 8 fM in diesen hinein (= 8 fM).

2. Rd: Häkle 2 fM in jede fM (= 16 fM).

3. Rd: Häkle 2 fM in jede 2. fM (= 24 fM).

4. Rd: Häkle 24 fM, dabei nur in das hintere M-Glied einstechen (= 24 fM).

5. Rd: Häkle 24 fM.

6. Rd: Häkle jede 7. und 8. fM zusammen (= 21 fM).

7. Rd: Häkle jede 6. und 7. fM zusammen (= 18 fM).

8. Rd: Häkle 18 fM.

9. Rd: Häkle jede 5. und 6. fM zusammen (= 15 fM).

10. Rd: Häkle 15 fM.

Masche ab und schneide den Faden so lang ab, dass du damit das Bein unten an den Körper nähen kannst.

ARM (2x)

Arbeite mit Catania in Bast.

Häkle bis zur 5. Rd nur in die hinteren M-Glieder.

1. Rd: Fertige einen Magic-Ring an und häkle 6 fM in diesen hinein (= 6 fM).

Steche in den Runden 2 bis 5 lediglich in das hintere M-Glied ein.

2. Rd: Häkle 2 fM in jede fM (= 12 fM).

3.+4. Rd: Häkle 12 fM.

5. Rd: Häkle jede 3. und 4. fM zusammen (= 9 fM).

6.-10. Rd: Häkle 9 fM.

11. Rd: Häkle die letzten 2 fM zusammen (= 8 fM).

12. Rd: Häkle die letzten 2 fM zusammen (= 7 fM).

13. Rd: Häkle die letzten 2 fM zusammen (= 6 fM).

Masche ab, stopfe den Arm aus und schneide den Faden so lang ab, dass du damit den Arm an den Körper nähen kannst.

Häkle anschließend mit Lenja Soft und doppeltem Faden in alle vorderen M-Glieder der 1. bis 5. Rd.

Masche ab und vernähe den Faden.

V AUF DER BRUST

Arbeite mit Catania in Camel.

1. R: Häkle eine Lm-Kette aus 8 Lm.

2. R: Häkle 1 fM in die 2. Lm von der Häkelnd aus, 3 fM, in die nächste Lm [1 fM, 1 hStb, 1 fM], 2 fM.

Masche ab und schneide den Faden so lang ab, dass du damit das V auf die Brust sticken kannst.

Piñata

SCHWIERIGKEITSGRAD ★☆☆☆☆

Supereinfache Anleitung und schnell zu häkeln. Auch schön in nur einer Farbe.

Sobald irgendwo in DenDennis' Dorf eine Party steigt, ist Piet Piñata mit von der Partie. Er ist der Freigiebigste in DenDennis' Freundeskreis und kann immer und überall einfach aufplatzen, um die Gäste unter einer unvorstellbar großen Ladung Süßigkeiten und Glitzer zu begraben. Und während die Gäste dann mit dem Aufsammeln ihrer Lieblingssüßigkeiten beschäftigt sind und nicht mehr auf Piñata achten, steht er in aller Stille wie ein Phoenix aus der Asche auf, um mit neuer Energie und einer neuer Ladung Naschereien die nächste Party in der Nachbarschaft aufzusuchen. Nachahmung nicht empfohlen …

MATERIAL

* Schachenmayr Catania (LL 125 m/50 g) in Sonne (Fb 208), Maigrün (Fb 389), Hellblau (Fb 173), Signalrot (Fb 115), Violett (Fb 113), Jaffa (Fb 189), Weiß (Fb 106), Wolke (Fb 247) und Zimt (Fb 383), je 50 g
* Füllwatte
* 2 Sicherheitsaugen, ø 12 mm
* Sticktwist in Schwarz
* Häkelnadel 3,0 mm

KOPF

Beginne mit Catania in Sonne.

1. Rd: Fertige einen Magic-Ring an und häkle 6 fM in diesen hinein (= 6 fM).
2. Rd: Häkle 2 fM in jede fM (= 12 fM).
3. Rd: Häkle 2 fM in jede 2. fM (= 18 fM).
4. Rd: Häkle 2 fM in jede 3. fM (= 24 fM).
5. Rd: Häkle 2 fM in jede 4. fM (= 30 fM).
6. Rd: Häkle 2 fM in jede 5. fM (= 36 fM).
7. Rd: Häkle 2 fM in jede 6. fM (= 42 fM).
8. Rd: Häkle 2 fM in jede 7. fM (= 48 fM).

Fb-Wechsel: weiter mit Catania in Maigrün.

9.-11. Rd: Häkle 48 fM.

12. Rd: Häkle jede 15. und 16. fM zusammen (= 45 fM).

13. Rd: Häkle 45 fM.

14. Rd: Häkle jede 14. und 15. fM zusammen (= 42 fM).

15. Rd: Häkle 42 fM.

16. Rd: Häkle jede 13. und 14. fM zusammen (= 39 fM).

17. Rd: Häkle 39 fM.

Fb-Wechsel: weiter mit Catania in Hellblau.

18. Rd: Häkle jede 12. und 13. fM zusammen (= 36 fM).

19. Rd: Häkle 36 fM.

20. Rd: Häkle jede 11. und 12. fM zusammen (= 33 fM).

Setze die Augen mit einem Abstand von 8 fM in der 14. Rd ein. Stopfe den Kopf aus, bis du die letzte Rd erreicht hast.

21. Rd: Häkle jede 10. und 11. fM zusammen (= 30 fM).

22. Rd: Häkle jede 9. und 10. fM zusammen (= 27 fM).

23. Rd: Häkle jede 8. und 9. fM zusammen (= 24 fM).

24. Rd: Häkle jede 3. und 4. fM zusammen (= 18 fM).

25. Rd: Häkle jede 2. und 3. fM zusammen (= 12 fM).

26. Rd: Häkle immer 2 fM zusammen (= 6 fM).

Masche ab, nähe die Öffnung zu und vernähe den Faden.

OHR (2x)

Beginne mit Catania in Signalrot.

1. Rd: Fertige einen Magic-Ring an und häkle 6 fM in diesen hinein (= 6 fM).
2. Rd: Häkle 2 fM in jede fM (= 12 fM).
3. Rd: Häkle 2 fM in jede 2. fM (= 18 fM).
4. Rd: Häkle 2 fM in jede 3. fM (= 24 fM).

5.-10. Rd: Häkle 24 fM.

Fb-Wechsel: weiter mit Catania in Jaffa.

11. Rd: Häkle 24 fM.

12. Rd: Häkle jede 7. und 8. fM zusammen (= 21 fM).

13.-15. Rd: Häkle 21 fM.

16. Rd: Häkle jede 6. und 7. fM zusammen (= 18 fM).

17.+18. Rd: Häkle 18 fM.

Fb-Wechsel: weiter mit Catania in Sonne.

19. Rd: Häkle 18 fM.

20. Rd: Häkle jede 2. und 3. fM zusammen (= 12 fM).

21. Rd: Häkle 12 fM.

Masche ab und schneide den Faden so lang ab, dass du damit das Ohr an den Kopf nähen kannst.

SCHNAUZE

Arbeite mit Catania in Weiß.

1. Rd: Fertige einen Magic-Ring an und häkle 6 fM in diesen hinein (= 6 fM).
2. Rd: Häkle 2 fM in jede fM (= 12 fM).
3. Rd: Häkle 2 fM in jede 2. fM (= 18 fM).
4. Rd: Häkle 18 fM.

Sticke anschließend die Nase mit schwarzem Sticktwist auf die Schnauze. Sticke von der Mitte aus in einem Dreieck hin und her, bis zwischen den Stichen kein Weiß mehr zu sehen ist. Zum Schluss noch 2-mal senkrecht nach unten sticken.

Masche ab und schneide den Faden so lang ab, dass du damit die Schnauze an den Kopf nähen kannst. Vergiss nicht, die Schnauze beim Festnähen auszustopfen.

FUSS (2x)

Arbeite mit Catania in Violett.

1. Rd: Fertige einen Magic-Ring an und häkle 8 fM in diesen hinein (= 8 fM).
2. Rd: Häkle 2 fM in jede fM (= 16 fM).
3.-6. Rd: Häkle 16 fM.

Masche ab und vernähe den Faden.

KÖRPER

Beginne mit Catania in Violett.

1. Rd: Häkle zunächst mit 2 fM die beiden Füße zusammen. Arbeite anschließend 28 fM um beide Füße herum.
2.+3. Rd: Häkle 28 fM.

Fb-Wechsel: weiter mit Catania in Wolke.

4.-6. Rd: Häkle 28 fM.
7. Rd: Häkle die 7. und 8., die 9. und 10., die 22. und 23. und die 24. und 25. fM zusammen (= 24 fM).
8. Rd: Häkle 24 fM.
9. Rd: Häkle die 7. und 8., die 9. und 10., die 19. und 20. und die 21. und 22. fM zusammen (= 20 fM).
10. Rd: Häkle die 7. und 8. und die 17. und 18. fM zusammen (= 18 fM).
11.+12. Rd: Häkle 18 fM.

Masche ab und schneide den Faden so lang ab, dass du damit den Körper an den Kopf nähen kannst.

Vergiss nicht, den Körper auszustopfen.

ARM (2x)

Beginne mit Catania in Violett.

1. Rd: Fertige einen Magic-Ring an und häkle 6 fM in diesen hinein (= 6 fM).

2. Rd: Häkle 2 fM in jede fM (= 12 fM).

3. Rd: Häkle 12 fM.

Fb-Wechsel: weiter mit Catania in Wolke.

4. Rd: Häkle 12 fM.

5. Rd: Häkle jede 2. und 3. fM zusammen (= 8 fM).

6.-11. Rd: Häkle 8 fM.

Stopfe den Arm bis zur 5. Rd aus. Masche ab und schneide den Faden so lang ab, dass du damit den Arm an den Körper nähen kannst.

SCHWANZ

Arbeite mit Catania in Weiß.

1. Rd: Fertige einen Magic-Ring an und häkle 6 fM in diesen hinein (= 6 fM).

2. Rd: Häkle 2 fM in jede fM (= 12 fM).

3.+4. Rd: Häkle 12 fM.

Masche ab und schneide den Faden so lang ab, dass du damit den Schwanz hinten an den Körper nähen kannst. Stopfe den Schwanz beim Festnähen aus.

KNÜPPEL

Arbeite mit Catania in Zimt.

1. Rd: Fertige einen Magic-Ring an und häkle 6 fM in diesen hinein (= 6 fM).

2. Rd: Häkle 2 fM in jede fM (= 12 fM).

3. Rd: Häkle 2 fM in jede 2. fM (= 18 fM).

4.-7. Rd: Häkle 18 fM.

8. Rd: Häkle jede 5. und 6. fM zusammen (= 15 fM).

9.-12. Rd: Häkle 15 fM.

Stopfe den Knüppel aus, bis du die letzte Rd erreicht hast.

13. Rd: Häkle jede 4. und 5. fM zusammen (= 12 fM).

14.-17. Rd: Häkle 12 fM.

18. Rd: Häkle jede 3. und 4. fM zusammen (= 9 fM).

19.-22. Rd: Häkle 9 fM.

Masche ab und vernähe den Faden.

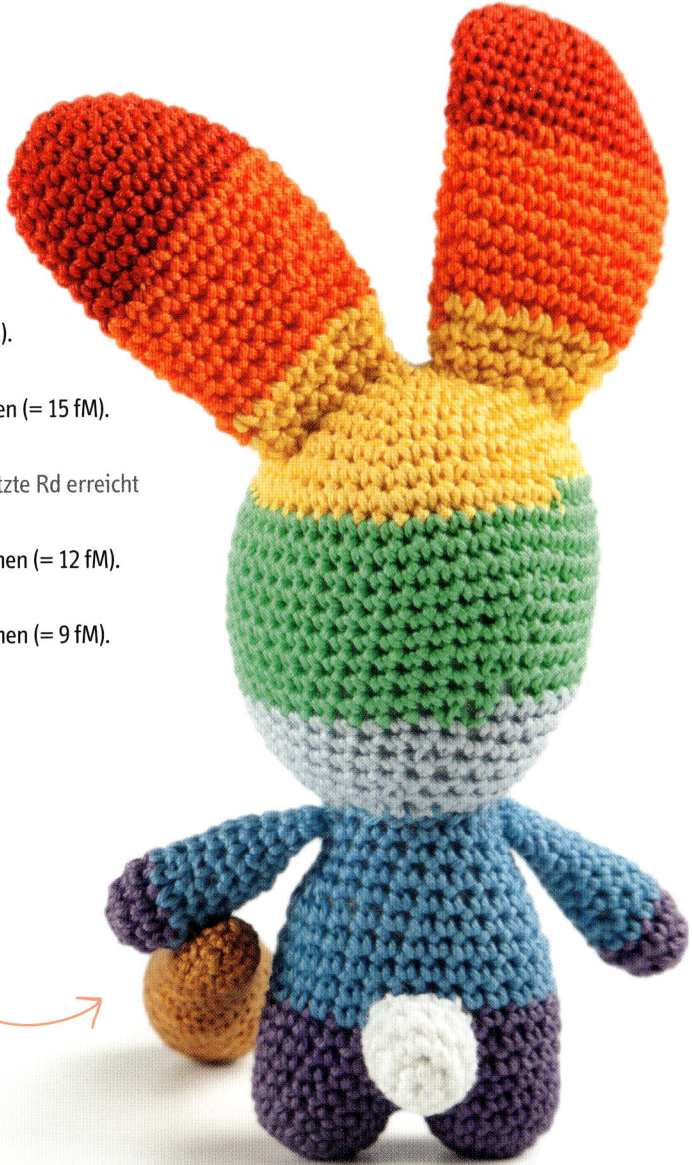

Du kannst ein Stück Garn hängen lassen, um damit den Knüppel an den Arm zu nähen.

Cup Cake

SCHWIERIGKEITSGRAD ★★★★☆

Eigentlich nicht schwer zu häkeln, aber man braucht sehr viel Geduld und es ist ziemlich fummelig.

DenDennis' Oma ist für DenDennis die liebste Oma auf der ganzen Welt. Wenn er Geburtstag hat, bringt sie immer die überraschendsten Geschenke mit, und manchmal zaubert sie sogar eine Münze hinter DenDennis' Ohr hervor – einfach so, als ob die schon die ganze Zeit dort gewartet hätte! Doch das Tollste an der Oma ist, dass sie ihm zu jedem Geburtstag eine Riesentorte backt. Und nicht einfach eine Torte, nein, die Torten von DenDennis' Oma sind immer etwas ganz Besonderes. Diese bekommen immer eine 11 auf der Torten-Notenskala von 1 bis 10. Und deshalb kann DenDennis' Oma gar nicht anders als im ultimativen Tortenkostüm zum Kostümfest zu kommen. Sieht sie nicht einfach zum Anbeißen aus?

MATERIAL

* Schachenmayr Catania (LL 125 m/50 g) in Soft Apricot (Fb 263), Mint (Fb 385), Silber (Fb 172), Khaki (Fb 212) und Signalrot (Fb 115), je 50 g
* Füllwatte
* 2 Sicherheitsaugen, ø 12 mm
* Sticktwist in Gelb
* Häkelnadel 3,0 mm

KOPF

Arbeite mit Catania in Soft Apricot.

1. Rd: Fertige einen Magic-Ring an und häkle 6 fM in diesen hinein (= 6 fM).
2. Rd: Häkle 2 fM in jede fM (= 12 fM).
3. Rd: Häkle 2 fM in jede 2. fM (= 18 fM).
4. Rd: Häkle 2 fM in jede 3. fM (= 24 fM).
5. Rd: Häkle 2 fM in jede 4. fM (= 30 fM).
6. Rd: Häkle 2 fM in jede 5. fM (= 36 fM).
7. Rd: Häkle 2 fM in jede 6. fM (= 42 fM).
8. Rd: Häkle 2 fM in jede 7. fM (= 48 fM).
9. Rd: Häkle 2 fM in jede 8. fM (= 54 fM).
10. Rd: Häkle 2 fM in jede 9. fM (= 60 fM).

11.-20. Rd: Häkle 60 fM.

21. Rd: Häkle jede 9. und 10. fM zusammen (= 54 fM).
22. Rd: Häkle jede 8. und 9. fM zusammen (= 48 fM).
23. Rd: Häkle jede 7. und 8. fM zusammen (= 42 fM).
24. Rd: Häkle jede 6. und 7. fM zusammen (= 36 fM).
25. Rd: Häkle jede 5. und 6. fM zusammen (= 30 fM).
26. Rd: Häkle jede 4. und 5. fM zusammen (= 24 fM).

Setze die Augen mit einem Abstand von 8 fM in der 18. Rd ein. Stopfe den Kopf aus, bis du die letzte Rd erreicht hast.

27. Rd: Häkle jede 3. und 4. fM zusammen (= 18 fM).
28. Rd: Häkle jede 2. und 3. fM zusammen (= 12 fM).
29. Rd: Häkle immer 2 fM zusammen (= 6 fM).

Masche ab, schließe die Öffnung und vernähe den Faden.

UNTERTEIL DES KLEIDS

Arbeite mit Catania in Mint.

1. Rd: Fertige einen Magic-Ring an und häkle 6 fM in diesen hinein (= 6 fM).
2. Rd: Häkle 2 fM in jede fM (= 12 fM).
3. Rd: Häkle 2 fM in jede 2. fM (= 18 fM).
4. Rd: Häkle 2 fM in jede 3. fM (= 24 fM).
5. Rd: Häkle 2 fM in jede 4. fM (= 30 fM).
6. Rd: Häkle 2 fM in jede 5. fM (= 36 fM).
7. Rd: Häkle 2 fM in jede 6. fM (= 42 fM).
8. Rd: Häkle 2 fM in jede 7. fM (= 48 fM).
9. Rd: Häkle 2 fM in jede 8. fM (= 54 fM).
10. Rd: Häkle 2 fM in jede 9. fM (= 60 fM).
11. Rd: Häkle 2 fM in jede 10. fM (= 66 fM).
12. Rd: Häkle 2 fM in jede 11. fM (= 72 fM).
13. Rd: Häkle 2 fM in jede 12. fM (= 78 fM).
14. Rd: Häkle 2 fM in jede 13. fM (= 84 fM).
15. Rd: Häkle 2 fM in jede 14. fM (= 90 fM).

16.-32. Rd: Häkle 90 fM.

33. Rd: Häkle jede 8. und 9. fM zusammen, dabei nur in das hintere M-Glied stechen (= 80 fM).
34. Rd: Häkle jede 7. und 8. fM zusammen (= 70 fM).
35. Rd: Häkle jede 6. und 7. fM zusammen (= 60 fM).
36. Rd: Häkle jede 5. und 6. fM zusammen (= 50 fM).
37. Rd: Häkle jede 4. und 5. fM zusammen (= 40 fM).

Stopfe das Kleid bis zur letzten Rd aus.

38. Rd: Häkle jede 3. und 4. fM zusammen (= 30 fM).
39. Rd: Häkle jede 2. und 3. fM zusammen (= 20 fM).
40. Rd: Häkle immer 2 fM zusammen (= 10 fM).
41. Rd: Häkle immer 2 fM zusammen (= 5 fM).

Masche ab, schließe die Öffnung, vernähe den Faden.

OBERKÖRPER

Arbeite mit Catania in Mint.

1. Rd: Häkle 36 fM über die 6. Rd des Keidunterteils.

2.-6. Rd: Häkle 36 fM.

Fb-Wechsel: weiter mit Catania in Soft Apricot.

7. Rd: Häkle 36 fM, dabei nur in das hintere M-Glied stechen.
8. Rd: Häkle jede 5. und 6. fM zusammen (= 30 fM).
9. Rd: Häkle jede 9. und 10. fM zusammen (= 27 fM).
10. Rd: Häkle jede 8. und 9. fM zusammen (= 24 fM).
11. Rd: Häkle jede 3. und 4. fM zusammen (= 18 fM).

Masche ab und schneide den Faden so lang ab, dass du damit den Oberkörper an den Kopf nähen kannst. Stopfe vorher den Oberkörper aus.

ARM (2x)

Arbeite mit Catania in Soft Apricot.

1. Rd: Fertige einen Magic-Ring an und häkle 6 fM in diesen hinein (= 6 fM).
2. Rd: Häkle 2 fM in jede 2. fM (= 9 fM).
3. Rd: Häkle 9 fM.
4. Rd: Häkle 2 fM in jede 3. fM (= 12 fM).

5.+6. Rd: Häkle 12 fM.

7. Rd: Häkle jede 2. und 3. fM zusammen (= 8 fM).

Stopfe die Hand aus, aber nicht den Arm.

8.-19. Rd: Häkle 8 fM.

Masche ab und schneide den Faden so lang ab, dass du damit den Arm an den Körper nähen kannst.

TRÄGER DES KLEIDS (2x)

Häkle mit Catania in Mint 1 fM in die Vorderseite und eine Lm-Kette bis zur Rückseite des Kleids. Häkle den Träger mit 1 Km fest und vernähe den Faden.

HAARE

Arbeite mit Catania in Silber.

1. Rd: Fertige einen Magic-Ring an und häkle 6 fM in diesen hinein (= 6 fM).
2. Rd: Häkle 2 fM in jede fM (= 12 fM).
3. Rd: Häkle 2 fM in jede 2. fM (= 18 fM).
4. Rd: Häkle 2 fM in jede 3. fM (= 24 fM).
5. Rd: Häkle 2 fM in jede 4. fM (= 30 fM).
6. Rd: Häkle 2 fM in jede 5. fM (= 36 fM).
7. Rd: Häkle 2 fM in jede 6. fM (= 42 fM).
8. Rd: Häkle 2 fM in jede 7. fM (= 48 fM).
9. Rd: Häkle 2 fM in jede 8. fM (= 54 fM).
10. Rd: Häkle 2 fM in jede 9. fM (= 60 fM).
11. Rd: Häkle 2 fM in jede 10. fM (= 66 fM).

12.-19. Rd: Häkle 66 fM.

20. Rd: Wende, 1 Lm, 1 fM in die 3. fM, 27 fM (= 28 fM).
21. Rd: Wende, 1 Lm, 1 fM in die 3. fM, 25 fM (= 26 fM).
22. Rd: Wende, 1 Lm, 1 fM in die 3. fM, 23 fM (= 24 fM).
23. Rd: Wende, 1 Lm, 1 fM in die 3. fM, 21 fM (= 22 fM).
24. Rd: Wende, 1 Lm, 1 fM in die 3. fM, 19 fM (= 20 fM).
25. Rd: Wende, 1 Lm, häkle 3 fM in jede fM rundherum für den Rüschenrand.

Masche ab und schneide den Faden so lang ab, dass du damit die Haare an den Kopf nähen kannst.

OHR (2x)

Arbeite mit Catania in Soft Apricot.

1. Rd: Fertige einen Magic-Ring an und häkle 5 fM in diesen hinein (= 5 fM).
2. Rd: Häkle 2 fM in jede fM (= 10 fM).
3. Rd: Häkle 10 fM.

Masche ab und schneide den Faden so lang ab, dass du damit das Ohr an den Kopf nähen kannst.

Wenn du die Spitzenborte an das Kleid häkelst, achte darauf, die Arbeit verkehrt herum zu halten (Unterseite nach oben).

SPITZENBORTE UNTEN AM KLEID

Arbeite mit Catania in Silber.

1. Rd: Häkle 90 fM über die 28. Rd.
2. Rd: Häkle 90 fM nur in das hintere M-Glied.
3. Rd: 9x [1 fM, 2 hStb, 1 Stb, 2 DStb, 1 Stb, 2 hStb, 1 fM] häkeln.

Masche ab und vernähe den Faden.

SPITZENBORTE OBEN AM KLEID

Arbeite mit Catania in Silber.

1. Rd: Häkle 42 fM über die 7. Rd.

2. Rd: Häkle 42 fM.

3. Rd: Häkle 6x [1 fM, 1 hStb, 1 Stb, 1 DStb, 1 Stb, 1 hStb, 1 fM].

Masche ab und vernähe den Faden.

BLÄTTER AUF DER ERDBEERE

Arbeite mit Catania in Khaki.

1. Rd: Häkle erst einen Magic-Ring, dann eine Lm-Kette aus 5 Lm, übergehe 2 Lm, häkle 3 fM an der Lm-Kette zurück, häkle 8 fM in den Magic-Ring.

2. Rd: Häkle 2 fM in jede fM (= 16 fM).

3. Rd: Häkle 8x [1 Km, 5 Lm (2 Lm übergehen) 3 fM an der Lm-Kette zurück, 1 Km].

Masche ab und schneide den Faden lang ab. Nähe damit die Blätter oben auf die Erdbeere.

ERDBEERE

Arbeite mit Catania in Signalrot.

1. Rd: Fertige einen Magic-Ring an und häkle 8 fM in diesen hinein (= 8 fM).

2. Rd: Häkle 2 fM in jede fM (= 16 fM).

3. Rd: Häkle 2 fM in jede 2. fM (= 24 fM).

4. Rd: Häkle 2 fM in jede 3. fM (= 32 fM).

5.-7. Rd: Häkle 32 fM.

8. Rd: Häkle jede 7. und 8. fM zusammen (= 28 fM).

9. Rd: Häkle 28 fM (= 28 fM).

10. Rd: Häkle jede 6. und 7. fM zusammen (= 24 fM).

11. Rd: Häkle 24 fM.

Masche ab und schneide den Faden so lang ab, dass du damit die Erdbeere oben auf den Kopf nähen kannst. Vergiss nicht, die Erdbeere beim Annähen auszustopfen.

Sticke mit gelbem Sticktwist mehrere Punkte auf die Erdbeere.

RÜSCHEN UNTER DER ERDBEERE

Arbeite mit Catania in Silber.

Verwende eine größere Häkelnd für die Lm-Kette (3,5 oder 4,0 mm).

1. R: Häkle eine Lm-Kette aus 28 Lm.

2. R: Häkle in jede Lm der Lm-Kette 3 fM und an der anderen Seite der Kette 3 Stb in jede Lm.

Masche ab, lege die Rüschen um die Erdbeere auf den Kopf und nähe die Rüschen zwischen den beiden Rd fest.

Du kannst das Kleid nach eigenen Vorstellungen verzieren, damit es noch mehr nach einer leckeren Torte oder einem hübschen Kleid aussieht.

Party-Gator

SCHWIERIGKEITSGRAD ★★★★★

Das Häkeln ist nicht schwierig, nur bei den Zähnen und den Augen musst du gut aufpassen.

Eigentlich ist Party-Gator ein lieber Kerl. Er tut immer, was ihm seine Mutter sagt, und bricht fast nie einen Streit vom Zaun. Mit seinem Freund Quoten-Hai arbeitet er freiwillig beim Schülerlotsendienst im Dorf! Dabei hilft er besonders gern lieben alten Omis über die Straße. Eigentlich ist fast nichts an ihm auffällig. Das ist natürlich schön, aber auch ein bisschen … langweilig. Insgeheim stellt er sich manchmal vor, wie es wohl wäre, wenn er andere erschrecken würde. Deshalb hat er sich für die Kostümparty von DenDennis verwandelt: in einen wirklich schrecklich angsteinflößenden Aligator!

MATERIAL

* Schachenmayr Catania (LL 125 m/50 g) in Khaki (Fb 212), Soft Apricot (Fb 263), Agave (Fb 244) und Weiß (Fb 106), je 50 g
* Füllwatte
* 2 Sicherheitsaugen, ø 12 mm
* 2 Sicherheitsaugen, ø 8 mm
* Häkelnadel 3,0 mm

1 Knäuel Catania in Khaki wird kaum reichen. Darum kannst du die Verstärkungen in der Schnauze auch mit Catania in Agave arbeiten.

KOPF

Arbeite mit Catania in Soft Apricot.

1. Rd: Fertige einen Magic-Ring an und häkle 6 fM in diesen hinein (= 6 fM).
2. Rd: Häkle 2 fM in jede fM (= 12 fM).
3. Rd: Häkle 2 fM in jede 2. fM (= 18 fM).
4. Rd: Häkle 2 fM in jede 3. fM (= 24 fM).
5. Rd: Häkle 2 fM in jede 4. fM (= 30 fM).
6. Rd: Häkle 2 fM in jede 5. fM (= 36 fM).
7. Rd: Häkle 2 fM in jede 6. fM (= 42 fM).
8. Rd: Häkle 2 fM in jede 7. fM (= 48 fM).
9. Rd: Häkle 2 fM in jede 8. fM (= 54 fM).
10. Rd: Häkle 2 fM in jede 9. fM (= 60 fM).
11.-20. Rd: Häkle 60 fM.
21. Rd: Häkle jede 9. und 10. fM zusammen (= 54 fM).
22. Rd: Häkle jede 8. und 9. fM zusammen (= 48 fM).
23. Rd: Häkle jede 7. und 8. fM zusammen (= 42 fM).
24. Rd: Häkle jede 6. und 7. fM zusammen (= 36 fM).
25. Rd: Häkle jede 5. und 6. fM zusammen (= 30 fM).
26. Rd: Häkle jede 4. und 5. fM zusammen (= 24 fM).

Setze die 12 mm großen Augen mit einem Abstand von 8 fM in der 18. Rd ein. Stopfe den Kopf aus, bis du die letzte Rd erreicht hast.

27. Rd: Häkle jede 3. und 4. fM zusammen (= 18 fM).
28. Rd: Häkle jede 2. und 3. fM zusammen (= 12 fM).
29. Rd: Häkle immer 2 fM zusammen (= 6 fM).

Masche ab, schließe die Öffnung und vernähe den Faden.

KAPUZE

Arbeite mit Catania in Khaki.

1.-21. Rd: Häkle genau wie beim Kopf.
22.-24. Rd: Häkle 54 fM.

Beginne jetzt mit dem Oberkiefer und häkle nur noch halbe Stäbchen.

1. R: Häkle 30 hStb, dabei nur in das vordere M-Glied stechen.
2. R: Wende, häkle nur in das hintere M-Glied: 2 Lm, häkle das 1. und 2., das 3. und 4., das 27. und 28. und das 29. und 30. hStb zusammen (= 26 M).
3. R: Wende, häkle nur in das vordere M-Glied: 2 Lm, häkle das 1. und 2., das 3. und 4., das 23. und 24. und das 25. und 26. hStb zusammen (= 22 M).
4. R: Wende, häkle nur in das hintere M-Glied: 2 Lm, häkle 22 hStb (= 22 M).
5. R: Wende, häkle nur in das vordere M-Glied: 2 Lm, häkle 22 hStb (= 22 M).
6. R: Wende, häkle nur in das hintere M-Glied: 2 Lm, häkle 22 hStb (= 22 M).
7. R: Wende, häkle nur in das vordere M-Glied: 2 Lm, häkle das 1. und 2., das 3. und 4., das 19. und 20. und das 21. und 22. hStb zusammen (= 18 M).
8. R: Wende, häkle nur in das hintere M-Glied: 2 Lm, häkle das 1. und 2., das 3. und 4., das 15. und 16. und das 17. und 18. hStb zusammen (= 14 M).
9. R: Wende, häkle nur in das vordere M-Glied: 2 Lm, häkle 14 hStb (= 14 M).
10. R: Wende, häkle nur in das hintere M-Glied: 2 Lm, häkle 14 hStb (= 14 M).
11. R: Wende, häkle nur in das vordere M-Glied: 2 Lm, häkle 14 hStb (= 14 M).

Häkle jetzt hintereinander weg fM am Kiefer entlang nach unten.

Beginne nun mit dem Unterkiefer und häkle halbe Stäbchen.

1. R: Häkle 24 hStb, dabei nur in das vordere M-Glied stechen.
2. R: Wende, häkle nur in das hintere M-Glied: 2 Lm, häkle 24 hStb (= 24 M).
3. R: Wende, häkle nur in das vordere M-Glied: 2 Lm, häkle das 1. und 2., das 3. und 4., das 21. und 22. und das 23. und 24. hStb zusammen (= 20 M).
4. R: Wende, häkle nur in das hintere M-Glied: 2 Lm, häkle das 1. und 2., das 3. und 4., das 17. und 18. und das 19. und 20. hStb zusammen (= 16 M).
5. R: Wende, häkle nur in das vordere M-Glied: 2 Lm, häkle 16 hStb.
6. R: Wende, häkle nur in das hintere M-Glied: 2 Lm, häkle 16 hStb (= 16 M).

Masche ab und vernähe den Faden.

VERSTÄRKUNG FÜR DEN OBERKIEFER

Arbeite mit Catania in Khaki.

1. R: Häkle eine Lm-Kette aus 26 Lm.

Häkle nur halbe Stäbchen.

2. R: Häkle 1 hStb in die 3. Lm, 23 hStb (= 24 M).
3. R: Wende, 2 Lm, häkle das 1.+2., das 3.+4., das

21.+22. und das 23.+24. hStb zusammen (= 20 M).

4. R: Wende, 2 Lm, häkle das 1.+2., das 3.+4., das 17.+18. und das 19.+20. hStb zusammen (= 16 M).

5. R: Wende, 2 Lm, häkle 16 hStb (= 16 M).

6. R: Wende, 2 Lm, häkle das 1.+2., das 3.+4., das 13.+14. und das 15.+16. hStb zusammen (= 12 M).

7. R: Wende, 2 Lm, häkle das 1.+2., das 3.+4., das 9.+10. und das 11.+12. hStb zusammen (= 8 M).

Masche ab und schneide den Faden lang ab.

Nähe die Verstärkung innen in den Oberkiefer. Sie ist kleiner als der Kiefer. Der Zwischenraum bleibt frei für die Zähne.

VERSTÄRKUNG FÜR DEN UNTERKIEFER

Arbeite mit Catania in Khaki.

1. R: Häkle eine Lm-Kette aus 20 Lm.

Häkle nur halbe Stäbchen.

2. R: Häkle 1 hStb in die 3. Lm, 17 hStb (= 18 M).

3. R: Wende, 2 Lm, häkle das 1.+2., das 3.+4., das 15.+16. und das 17.+18. hStb zusammen (= 14 M).

4. R: Wende, 2 Lm, häkle das 1.+2., das 3.+4., das 11.+12. und das 13.+14. hStb zusammen (= 10 M).

5. R: Wende, 2 Lm, häkle 10 hStb (= 10 M).

Masche ab und schneide den Faden lang ab.

Nähe die Verstärkung innen in den Unterkiefer. Sie ist kleiner als der Kiefer. Der Zwischenraum bleibt frei für die Zähne.

ZÄHNE

Arbeite mit Catania in Weiß.

Ein Zahn wird folgendermaßen gehäkelt:

1. R: Häkle eine Lm-Kette aus 4 Lm.

2. R: Häkle 1 fM in die 2. Lm von der Häkelnd aus, 1 hStb, 1 Stb (= 3 M).

Arbeite 1 fM am Anfang des Unterkiefers, häkle 1 Zahn, dann wieder 1 fM auf dem Kiefer und wieder 1 Zahn. Häkle insgesamt 8 Zähne auf den Unterkiefer: 2 an der Seite, 4 an der Vorderseite und 2 an der anderen Seite.

Masche ab und vernähe den Faden.

Häkle insgesamt 9 Zähne auf den Oberkiefer: 3 an der Seite, 3 an der Vorderseite und 3 an der anderen Seite.

Masche ab und vernähe den Faden.

AUGE (2x)

Arbeite mit Catania in Weiß.

Beginne mit einem lockeren Magic-Ring. Ziehe ihn nicht zu fest zusammen (die 8 mm großen Augen müssen hineinpassen).

1. Rd: Fertige einen Magic-Ring an und häkle 6 fM in diesen hinein (= 6 fM).

2. Rd: Häkle 2 fM in jede fM (= 12 fM).

Setze ein 8 mm großes Auge in den Magic-Ring ein.

3.+4. Rd: Häkle 12 fM.

Masche ab und schneide den Faden so lang ab, dass du damit das Auge an die Augenlider nähen kannst.

AUGENLID (2x)

Arbeite mit Catania in Khaki.

1. Rd: Fertige einen Magic-Ring an und häkle 6 fM in diesen hinein (= 6 fM).

2. Rd: Häkle 2 fM in jede fM (= 12 fM).

3. Rd: Häkle 2 fM in jede 2. fM (= 18 fM).

4. Rd: Häkle 2 fM in jede 3. fM (= 24 fM).

5. Rd: Häkle 2 fM in jede 4. fM (= 30 fM).

6. Rd: Häkle 30 fM.

Masche ab, falte das Stück zur Hälfte und schneide den Faden so lang ab, dass du damit das Augenlid an die Kapuze nähen kannst.

Nähe das Auge auf das doppelt gelegte Lid und das Augenlid mit dem Auge darin an die Kapuze.

BEIN (2x)

Beginne mit Catania in Agave.

1. R: Häkle eine Lm-Kette aus 10 Lm.

2. Rd: Häkle 1 fM in die 2. Lm von der Häkelnd aus, 7 fM, 3 fM in die letzte Lm, an der anderen Seite der Lm-Kette 7 fM, 2 fM in die letzte Lm (= 20 fM).

3. Rd: Häkle 2 fM in die 1., 2., 9., 10., 11., 12., 19. und 20. fM (= 28 fM).

4. Rd: Häkle 2 fM in die 2., 3., 12., 13., 16., 17., 26. und 27. fM (= 36 fM).

5. Rd: Häkle 36 fM, dabei nur in das hintere M-Glied stechen.

Fb-Wechsel: weiter mit Catania in Khaki.

6. Rd: Häkle 36 hStb nur in das hintere M-Glied stechen.

7. Rd: Häkle 12 fM, 6x [häkle die nächsten 2 fM zusammen], 12 fM (= 30 fM).

8. Rd: Häkle 9 fM, 6x [häkle die nächsten 2 fM zusammen], 9 fM (= 24 fM).

9. Rd: Häkle die ersten 2 fM zusammen, 6 fM, 4x [häkle die nächsten 2 fM zusammen], 6 fM, häkle die letzten 2 fM zusammen (= 18 fM).

Fb-Wechsel: weiter mit Catania in Soft Apricot.

10. Rd: Häkle 18 fM.

11. Rd: Häkle jede 2. und 3. fM zusammen, dabei nur in das hintere M-Glied stechen (= 12 fM).

12. Rd: Häkle 12 fM.

Fb-Wechsel: weiter mit Catania in Khaki.

13. Rd: Häkle 2 fM in jede fM, dabei nur in das vordere M-Glied stechen (= 24 fM).

14. Rd: Häkle 24 fM, dabei nur in das hintere M-Glied stechen.

15. Rd: Häkle 24 fM.

Masche ab und vernähe den Faden.

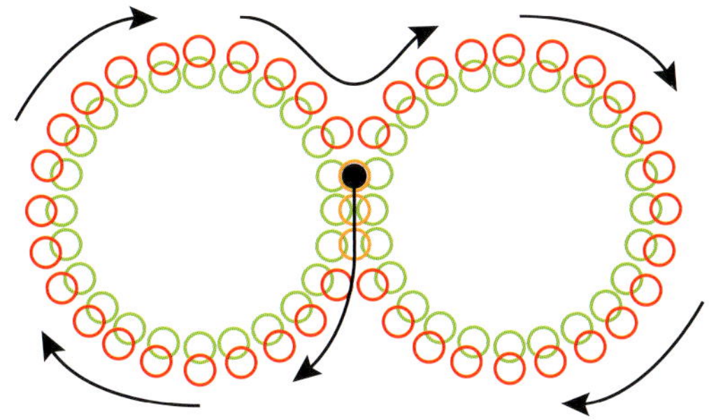

KÖRPER

Arbeite mit Catania in Khaki.

1. Rd: Häkle beide Beine mit 3 fM aneinander. Häkle dann um beide Beine 42 fM (= 42 fM).

2.-6. Rd: Häkle 42 fM. Stopfe die Füße aus.

7. Rd: Häkle jede 13. und 14. fM zusammen (= 39 fM).

8. Rd: Häkle 39 fM.

9. Rd: Häkle jede 12. und 13. fM zusammen (= 36 fM).

10.-12. Rd: Häkle 36 fM.

13. Rd: Häkle jede 5. und 6. fM zusammen (= 30 fM).

14. Rd: Häkle jede 4. und 5. fM zusammen (= 24 fM).

15. Rd: Häkle 24 fM.

Stopfe den Körper aus.

Masche ab und schneide den Faden so lang ab, dass du damit den Körper unten an die Kapuze nähen kannst.

Versuche, gleichzeitig durch die Kapuze und durch den Kopf zu nähen, damit auch der Kopf angenäht wird.

SCHWANZ

Arbeite mit Catania in Khaki.

1. Rd: Fertige einen Magic-Ring an und häkle 6 fM in diesen hinein (= 6 fM).

2. Rd: Häkle 6 fM.

3. Rd: Häkle 2 fM in jede 2. fM (= 9 fM).

4.-6. Rd: Häkle 9 fM.

7. Rd: Häkle 2 fM in jede 3. fM (= 12 fM).

8.-10. Rd: Häkle 12 fM.

11. Rd: Häkle die ersten 2 fM zusammen, häkle 2 fM in die 6. und 7. fM, häkle die letzten 2 fM zusammen (= 12 fM).

12.-14. Rd: Häkle 12 fM.

15. Rd: Häkle 2 fM in die 5. und 9. fM (= 14 fM).

16. Rd: Häkle 2 fM in die 7. und 9. fM (= 16 fM).

17. Rd: Häkle die 1. und 2. und die 3. und 4. fM zusammen, häkle 2 fM in die 10. und 11. fM (= 16 M).

18.+19. Rd: Häkle 16 fM.

20. Rd: Häkle 2 fM in die 9. und 11. fM (= 18 fM).

21. Rd: Häkle 7 fM, 3 hStb, 2 hStb in die nächsten 2 fM, 3 hStb, 3 fM (= 20 M).

22. Rd: Häkle 7 fM, 1 hStb, 2 hStb in die nächste M, 1 hStb, 2 hStb in die nächste M, 2 hStb, 2 hStb in die nächste M, 1 hStb, 2 hStb in die nächste M, 1 hStb, 3 fM (= 24 M).

23.+24. Rd: Häkle 8 fM, 12 hStb, 4 fM (= 24 M).

Stopfe den Schwanz aus. Masche ab und schneide den Faden so lang ab, dass du damit den Schwanz an den Rücken nähen kannst.

ARM (2x)

Beginne mit Catania in Soft Apricot.

1. Rd: Fertige einen Magic-Ring an und häkle 6 fM in diesen hinein (= 6 fM).

2. Rd: Häkle 2 fM in jede fM (= 12 fM).

3.+4. Rd: Häkle 12 fM.

Fb-Wechsel: weiter mit Catania in Khaki.

5. Rd: Häkle 12 Km.

6. Rd: Häkle 12 fM, dabei nur in das hintere M-Glied stechen.

Stopfe die Hand aus, aber nicht den Arm.

7. Rd: Häkle jede 3. und 4. fM zusammen (= 9 fM).

8.-16. Rd: Häkle 9 fM.

Masche ab und schneide den Faden so lang ab, dass du damit den Arm an den Körper nähen kannst.

ZACKEN AUF DEM RÜCKEN

Beginne an der Schwanzspitze. Arbeite die Zacken genau wie die Zähne, häkle sie von der Schwanzspitze bis nach oben auf den Kopf, wo die Schnauze beginnt. Häkle dann noch 1 zusätzlichen Zacken quer und dann wieder über den ganzen Rücken hinunter bis zur Schwanzspitze, sodass du zwei Zackenreihen nebeneinander gehäkelt hast.

Quoten-Hai

SCHWIERIGKEITSGRAD ★★★★☆

Die Maschen sind nicht schwer, aber bei den Zähnen musst du gut aufpassen.

Nein, Quoten-Hai ist keine Frau, sondern ein Möchtegern. Denn meistens ist er ein Hosenschisser. Selbst wenn jemand nur niest, erschreckt er sich ängstlich. Er weiß, dass das völlig übertrieben ist, aber er findet einfach keine Abhilfe: Im wahren Leben hat er einfach das Nerven-Kostüm eines Angsthasen. Sein bester Freund Party-Gator möchte ihm gerne helfen, gelassener und cooler zu werden. Als Quoten-Hai dann Party-Gators Kostüm sieht, traut er sich letztlich doch, verkleidet als gefährlicher Hai, auf DenDennis' Party zu erscheinen und sogar ein wenig in Richtung funkelnde Discokugel zu schielen – aufregend!

1 Knäuel Catania in Silber wird kaum reichen. Darum kannst du die Verstärkung im Kiefer mit Catania in Natur arbeiten.

MATERIAL

* Schachenmayr Catania (LL 125 m/ 50 g) in Silber (Fb 172), Natur (Fb 105), Weiß (Fb 106) und Fango (Fb 387), je 50 g
* Füllwatte
* 2 Sicherheitsaugen, ø 12 mm
* Häkelnadel 3,0 mm

KOPF

Der Kopf ist identisch mit dem Kopf von Party-Gator.

Weitere Fotos findest du auch bei Party-Gator.

KAPUZE

Arbeite mit Catania in Silber.

1.-21. Rd: Häkle genau wie beim Kopf.

22.-24. Rd: Häkle 54 fM.

Beginne jetzt mit dem Oberkiefer und häkle nur noch halbe Stäbchen.

1. R: Häkle 30 hStb, dabei nur in das vordere M-Glied stechen.

2. R: Wende, häkle nur in das hintere M-Glied: 2 Lm, häkle das 1. und 2., das 3. und 4., das 27. und 28. und das 29. und 30. hStb zusammen (= 26 M).

3. R: Wende, häkle nur in das vordere M-Glied: 2 Lm, häkle das 1. und 2., das 3. und 4., das 23. und 24. und das 25. und 26. hStb zusammen (= 22 M).

4. R: Wende, häkle nur in das hintere M-Glied: 2 Lm, häkle 22 hStb (= 22 M).

5. R: Wende, häkle nur in das vordere M-Glied: 2 Lm, häkle 22 hStb (= 22 M).

6. R: Wende, häkle nur in das hintere M-Glied: 2 Lm, häkle 22 hStb (= 22 M).

7. R: Wende, häkle nur in das vordere M-Glied: 2 Lm, häkle das 1. und 2., das 3. und 4., das 19. und 20. und das 21. und 22. hStb zusammen (= 18 M).

8. R: Wende, häkle nur in das hintere M-Glied: 2 Lm, häkle das 1. und 2., das 3. und 4., das 15. und 16. und das 17. und 18. hStb zusammen (= 14 M).

9. R: Wende, häkle nur in das vordere M-Glied: 2 Lm, 14 hStb.

10. R: Wende, häkle nur in das hintere M-Glied: 2 Lm, häkle 14 hStb (= 14 M).

11. R: Wende, häkle nur in das vordere M-Glied: 2 Lm, 14 hStb (= 14 M).

Häkle jetzt hintereineinder weg fM am Kiefer entlang nach unten.

Fb-Wechsel: weiter mit Catania in Natur.

Beginne jetzt mit dem Unterkiefer und häkle nur halbe Stäbchen.

1. R: Häkle 24 hStb, dabei nur in das vordere M-Glied stechen.

2. R: Wende, häkle nur in das hintere M-Glied: 2 Lm, häkle 24 hStb (= 24 M).

3. R: Wende, häkle nur in das vordere M-Glied: 2 Lm, häkle das 1. und 2., das 3. und 4., das 21. und 22. und das 23. und 24. hStb zusammen (= 20 M).

4. R: Wende, häkle nur in das hintere M-Glied: 2 Lm, häkle das 1. und 2., das 3. und 4., das 17. und 18. und das 19. und 20. hStb zusammen (= 16 M).

5. R: Wende, häkle nur in das vordere M-Glied: 2 Lm, 16 hStb.

6. R: Wende, häkle nur in das hintere M-Glied: 2 Lm, 16 hStb.

Masche ab und vernähe den Faden.

VERSTÄRKUNG FÜR DEN OBERKIEFER

Arbeite mit Catania in Silber.

1. R: Häkle eine Lm-Kette aus 26 Lm.

Häkle halbe Stäbchen.

2. R: Häkle 1 hStb in die 3. Lm, 23 hStb (= 24 M).

3. R: Wende, 2 Lm, häkle das 1.+2., das 3.+4., das 21.+22. und das 23.+24. hStb zusammen (= 20 M).

4. R: Wende, 2 Lm, häkle das 1.+2., das 3.+4., das 17.+18. und das 19.+20. hStb zusammen (= 16 M).

5. R: Wende, 2 Lm, häkle 16 hStb.

6. R: Wende, 2 Lm, häkle das 1.+2., das 3.+4., das 13.+14. und das 15.+16. hStb zusammen (= 12 M).

7. R: Wende, 2 Lm, häkle das 1.+2., das 3.+4., das 9.+10. und das 11.+12. hStb zusammen (= 8 M).

Masche ab und schneide den Faden lang ab.

Nähe die Verstärkung innen in den Oberkiefer. Sie ist kleiner als die Schnauze. Der Zwischenraum bleibt frei für die Zähne.

VERSTÄRKUNG FÜR DEN UNTERKIEFER

Arbeite mit Catania in Natur.

1. R: Häkle eine Lm-Kette aus 20 Lm.

Häkle nur halbe Stäbchen.

2. R: Häkle 1 hStb in die 3. Lm, 17 hStb (= 18 M).

3. R: Wende, 2 Lm, häkle das 1.+2., das 3.+4., das 15.+16. und das 17.+18. hStb zusammen (= 14 M).

4. R: Wende, 2 Lm, häkle das 1.+2., das 3.+4., das 11.+12. und das 13.+14. hStb zusammen (= 10 M).

5. R: Wende, 2 Lm, häkle 10 hStb (= 10 M).

Masche ab und schneide den Faden lang ab.

Nähe die Verstärkung innen in den Unterkiefer. Sie ist kleiner als die Schnauze. Der Zwischenraum bleibt frei für die Zähne.

ZÄHNE

Arbeite mit Catania in Weiß.

1 Zahn häkelst du folgendermaßen:

1. R: Häkle eine Lm-Kette aus 4 Lm.

2. R: Häkle 1 fM in die 2. Lm von der Häkelnd aus, 1 hStb, 1 Stb (= 3 M).

Arbeite 1 fM am Anfang des Unterkiefers, häkle 1 Zahn, dann wieder 1 fM auf dem Kiefer und wieder 1 Zahn. Häkle insgesamt 8 Zähne auf den Unterkiefer: 2 an der Seite, 4 an der Vorderseite und 2 an der anderen Seite.

Masche ab und vernähe den Faden.

Häkle insgesamt 9 Zähne auf den Oberkiefer: 3 an der Seite, 3 an der Vorderseite und 3 an der anderen Seite.

Masche ab und vernähe den Faden.

BEIN (2x)

Beginne mit Catania in Fango.

1. R: Häkle eine Lm-Kette aus 10 Lm.

2. Rd: Häkle 1 fM in die 2. Lm von der Häkelnd aus, 7 fM, 3 fM in die letzte Lm, an der anderen Seite der Lm-Kette 7 fM, 2 fM in die letzte Lm (= 20 fM).

3. Rd: Häkle 2 fM in die 1., 2., 9., 10., 11., 12., 19. und 20. fM (= 28 fM).

4. Rd: Häkle 2 fM in die 2., 3., 12., 13., 16., 17., 26. und 27. fM (= 36 fM).

5. Rd: Häkle 36 fM nur in das hintere M-Glied.

Fb-Wechsel: weiter mit Catania in Silber.

6. Rd: Häkle 36 hStb, dabei nur in das hintere M-Glied stechen.

7. Rd: Häkle 12 fM, 6x [häkle die nächsten 2 fM zusammen], 12 fM (= 30 fM).

8. Rd: Häkle 9 fM, 6x [häkle die nächsten 2 fM zusammen], 9 fM (= 24 fM).

9. Rd: Häkle die ersten 2 fM zusammen, 6 fM, 4x [häkle die nächsten 2 fM zusammen], 6 fM, häkle die letzten 2 fM zusammen (= 18 fM).

Fb-Wechsel: weiter mit Catania in Soft Apricot.

10. Rd: Häkle 18 fM.

11. Rd: Häkle jede 2. und 3. fM zusammen, dabei nur in das hintere M-Glied stechen (= 12 fM).

12. Rd: Häkle 12 fM.

Fb-Wechsel: weiter mit Catania in Silber.

13. Rd: Häkle 2 fM in jede fM, dabei nur in das vordere M-Glied stechen (= 24 fM).

14. Rd: Häkle 24 fM, dabei nur in das hintere M-Glied stechen.

15. Rd: Häkle 24 fM.

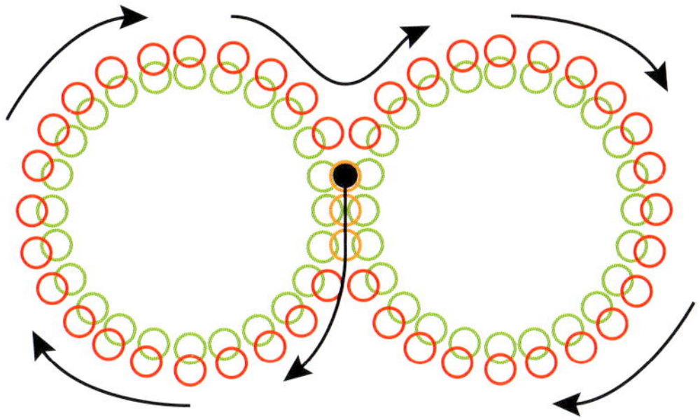

Masche ab und vernähe den Faden.

KÖRPER

Arbeite mit Catania in Silber.

1. Rd: Häkle beide Beine mit 3 fM aneinander. Häkle dann um beide Beine 42 fM.

2.-6. Rd: Häkle 42 fM.

Stopfe die Füße aus.

7. Rd: Häkle jede 13. und 14. fM zusammen (= 39 fM).

8. Rd: Häkle 39 fM.

9. Rd: Häkle jede 12. und 13. fM zusammen (= 36 fM).

10.-12. Rd: Häkle 36 fM.

13. Rd: Häkle jede 5. und 6. fM zusammen (= 30 fM).

14. Rd: Häkle jede 4. und 5. fM zusammen (= 24 fM).

15. Rd: Häkle 24 fM (= 24 fM).

Stopfe den Körper aus.

Masche ab und schneide den Faden so lang ab, dass

du damit den Körper unten an die Kapuze nähen kannst.

Versuche, gleichzeitig durch die Kapuze und durch den Kopf zu nähen, damit auch der Kopf angenäht wird.

WEISSER BAUCH

Arbeite mit Catania in Natur.

1. R: Häkle eine Lm-Kette aus 8 Lm.
2. R: Häkle 1 hStb in die 3. Lm von der Häkelnd aus, 5 hStb (= 6 M).
3. R: Wende, 2 Lm, häkle 2 hStb in das erste und letzte hStb (= 8 M).
4. R: Wende, 2 Lm, häkle 2 hStb in das erste und letzte hStb (= 10 M).
5. R: Wende, 2 Lm, häkle 2 hStb in das erste und letzte hStb (= 12 M).

6.-8. R: Wende, 2 Lm, häkle 12 hStb (= 12 M).

9. R: Wende, 2 Lm, häkle die ersten 2 und die letzten 2 hStb zusammen (= 10 M).
10. R: Wende, 2 Lm, häkle 10 hStb (= 10 M).
11. R: Wende, 2 Lm, häkle die ersten 2 und die letzten 2 hStb zusammen (= 8 M).
12. R: Wende, 2 Lm, häkle 8 hStb (= 8 M).

Masche ab und schneide den Faden so lang ab, dass du damit den weißen Bauch aufnähen kannst.

ARM (2x)

Beginne mit Catania in Soft Apricot.

1. Rd: Fertige einen Magic-Ring an und häkle 6 fM in diesen hinein (= 6 fM).
2. Rd: Häkle 2 fM in jede fM (= 12 fM).

3.+4. Rd: Häkle 12 fM.

Fb-Wechsel: weiter mit Catania in Silber.

5. Rd: Häkle 12 Km.
6. Rd: Häkle 12 fM, dabei nur in das hintere M-Glied stechen.

Stopfe die Hand aus, aber nicht den Arm.

7. Rd: Häkle jede 3. und 4. fM zusammen (= 9 fM).

8.-16. Rd: Häkle 9 fM.

Masche ab und schneide den Faden so lang ab, dass du damit den Arm an den Körper nähen kannst.

SCHWANZ

Arbeite mit Catania in Silber.

1. Rd: Fertige einen Magic-Ring an und häkle 6 fM in diesen hinein (= 6 fM).
2. Rd: Häkle 6 fM.
3. Rd: Häkle 2 fM in jede 2. fM (= 9 fM).

4.-6. Rd: Häkle 9 fM.

7. Rd: Häkle 2 fM in jede 3. fM (= 12 fM).

8.-10. Rd: Häkle 12 fM.

11. Rd: Häkle die ersten 2 fM zusammen, häkle 2 fM in die 6. und 7. fM, häkle die letzten 2 fM zusammen (= 12 fM).

12.-14. Rd: Häkle 12 fM.

15. Rd: Häkle 2 fM in die 5. und 9. fM (= 14 fM).
16. Rd: Häkle 2 fM in die 7. und 9. fM (= 16 fM).
17. Rd: Häkle die 1. und 2. und die 3. und 4 fM zusammen, häkle 2 fM in die 10. und 11. fM (= 16 M).

18.+19. Rd: Häkle 16 fM.

20. Rd: Häkle 2 fM in die 9. und 11. fM (= 18 fM).
21. Rd: Häkle 7 fM, 3 hStb, 2 hStb in die nächsten 2 fM, 3 hStb, 3 fM (= 20 M).
22. Rd: Häkle 7 fM, 1 hStb, 2 hStb in die nächste M, 1 hStb, 2 hStb in die nächste M, 2 hStb, 2 hStb in die nächste M, 1 hStb, 2 hStb in die nächste M, 1 hStb, 3 fM (= 24 M).

23.+24. Rd: Häkle 8 fM, 12 hStb, 4 fM.

Stopfe den Schwanz aus. Masche ab und schneide den Faden lang ab. Nähe damit den Schwanz an den Rücken.

UNTERE FLOSSE AM SCHWANZ

Arbeite mit Catania in Silber.

1. Rd: Fertige einen Magic-Ring an und häkle 6 fM in diesen hinein (= 6 fM).
2. Rd: Häkle 2 fM in jede 2. fM (= 9 fM).
3. Rd: Häkle 3 fM in die 5. fM (= 11 fM).
4. Rd: Häkle 3 fM in die 6. fM (= 13 fM).
5. Rd: Häkle 3 fM in die 7. fM (= 15 fM).

Masche ab, falte die Flosse flach zusammen und schneide den Faden so lang ab, dass du damit die Flosse unten an die Schwanzspitze nähen kannst.

OBERE FLOSSE AM SCHWANZ

Arbeite mit Catania in Silber.

1. Rd: Fertige einen Magic-Ring an und häkle 6 fM in

diesen hinein (= 6 fM).

2. Rd: Häkle 2 fM in jede 2. fM (= 9 fM).

3. Rd: Häkle 3 fM in die 5. fM (= 11 fM).

4. Rd: Häkle 3 fM in die 6. fM (= 13 fM).

5. Rd: Häkle 3 fM in die 7. fM (= 15 fM).

6. Rd: Häkle 3 fM in die 8. fM (= 17 fM).

7. Rd: Häkle 3 fM in die 9. fM (= 19 fM).

8. Rd: Häkle 3 fM in die 10. fM (= 21 fM).

Masche ab, falte die Flosse flach zusammen und schneide den Faden so lang ab, dass du damit die Flosse oben auf den Schwanz nähen kannst.

GROSSE FLOSSE AUF DEM KOPF

Arbeite mit Catania in Silber.

1. Rd: Fertige einen Magic-Ring an und häkle 6 fM in diesen hinein (= 6 fM).

2. Rd: Häkle 6 fM.

3. Rd: Häkle 2 fM, 2 hStb, 2 fM.

4. Rd: Häkle 2 fM in jede 2. M (= 9 fM).

5. Rd: Häkle 3 fM, 3 hStb, 3 fM.

6. Rd: Häkle 2 fM in jede 3. M (= 12 fM).

7. Rd: Häkle 4 fM, 4 hStb, 4 fM.

8. Rd: Häkle 2 fM in jede 4. M (= 15 fM).

9. Rd: Häkle 5 fM, 5 hStb, 5 fM.

10. Rd: Häkle 4 fM, 3 hStb, 3 hStb in die 8. M, 3 hStb, 4 fM (= 17 M).

11. Rd: Häkle 5 fM, 3 hStb, 3 hStb in die 9. M, 3 hStb, 5 fM (= 19 M).

12. Rd: Häkle 5 fM, 4 hStb, 3 hStb in die 10. M, 4 hStb, 5 fM (= 21 M).

13. Rd: Häkle 5 fM, 5 hStb, 3 hStb in die 11. M, 5 hStb, 5 fM (= 23 M).

Masche ab, falte die Flosse flach zusammen und schneide den Faden so lang ab, dass du damit die

Flosse oben auf den Kopf nähen kannst.

RÜCKENFLOSSE

Arbeite mit Catania in Silber.

1. Rd: Fertige einen Magic-Ring an und häkle 6 fM in diesen hinein (= 6 fM).

2. Rd: Häkle 6 fM.

3. Rd: Häkle 2 fM, 2 hStb, 2 fM.

4. Rd: Häkle 2 fM in jede 2. M (= 9 M).

5. Rd: Häkle 3 fM, 3 hStb, 3 fM.

Masche ab, falte die Flosse flach zusammen und schneide den Faden so lang ab, dass du damit die Flosse oben auf den Schwanz nähen kannst.

FERTIGSTELLEN

Sticke mit Catania in Fango an beiden Seiten des Kopfes 3 Striche als Kiemen auf.

Extras

SCHWIERIGKEITSGRAD ★★★☆☆

Diese Anleitungen werden vor allem nach Gefühl gehäkelt.

MATERIAL

* Garnreste in verschiedenen Farben
* Schaumstoff oder Füllwatte
* Häkelnadel 3,0 mm

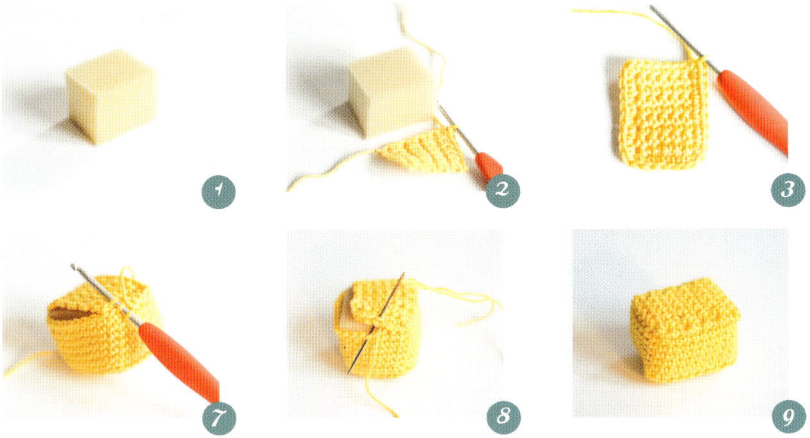

GESCHENKPAKETE

Arbeite mit Garn in fröhlichen Farben.

- Schneide zunächst aus dem Schaumstoff ein schön geformtes Geschenk (1). Es kann würfel- oder quaderförmig sein, das ist völlig egal.
- Häkle ein Läppchen, das genauso groß ist wie der Boden des ausgeschnittenen Schaumstoffs. Arbeite hierzu erst eine Lm-Kette und anschließend so viele Reihen fM, bis die richtige Größe erreicht ist (2).
- Häkle dann mit fM um das Läppchen herum (3).
- Häkle jetzt nur in die hinteren M-Glieder der fM am Rand, den du gerade gehäkelt hast (4).
- Arbeite jetzt mit fM weiter, bis du die richtige Höhe des Geschenks erreicht hast (5).
- Häkle an einer Seite ein Läppchen, das so groß ist wie die Oberseite des Geschenks (6).
- Jetzt häkelst du dieses Läppchen auf der Oberseite entlang einer Kante durch die vorderen M-Glieder fest (7).
- Nähe mit einer Sticknadel die anderen offenen Kanten des Geschenks zu (8).

Nun häkelst du eine lange Lm-Kette, die du als Geschenkband um das Geschenk binden kannst. Wähle hierfür eine Kontrastfarbe. Das kannst du auf viele Arten variieren.

Die anderen Geschenkbänder hat sich meine Mutter ausgedacht; sie sind auf meiner Website beschrieben.
Das blaue Geschenk mit den rosaroten Punkten hat meine Mutter in Tapestry-Technik gehäkelt.

GIRLANDE

Die Dreiecke sind identisch mit denen am Schwanz von Girlanden-Hangler (siehe Seite 35). Häkle davon so viele, wie du magst. Dann häkelst du eine Lm-Kette und häkelst nach einer bestimmten M-Anzahl 1 Seite jedes Dreiecks mit. Achte darauf, dass du die gleiche Anzahl Lm zwischen den Dreiecken freilässt. Wenn deine Girlande lang genug ist, übergehst du die ersten 10 Lm, sodass eine Schlinge zum Aufhängen entsteht, und häkelst an der Lm-Kette mit fM zurück, damit sie stabiler wird. Sobald du am anderen Ende angekommen bist, arbeitest du für die andere Aufhängeschlinge wieder 6 Lm, die du mit 1 Km festhäkelst.

- Ich möchte insbesondere Sander Meij für die Hilfe beim Schreiben der fantastischen Geschichten danken. Sie haben mir wirklich sehr geholfen, die Figuren auszuarbeiten.
- Wim Vandereyken, Irina Kikkert und Ginia Mees danke ich für das Testen aller Anleitungen. Ich hatte so viel Spaß mit Euch in unserer Facebook-Gruppe.
- Meiner Mutter danke ich für die Hilfe bei den manchmal schwierigen Maschen und für die Beanwortung all meiner Fragen. X<3
- Meiner lieben Freundin und meiner Tochter danke ich für ihre Unterstützung. Danke, dass Ihr meinen chaotischen Kopf aushaltet und mir immer wieder dabei helft, mir neue Figuren auszudenken.
- Ich danke meinen Freunden und meiner Familie, die sich meine Häkelerlebnisse und -geschichten immer und immer wieder anhören müssen. ;-)
- Marike, Lunia und Catrien vom Verlag Kosmos Uitgevers danke ich für das großartige Vertrauen in mich!
- G Brouwer & Zn B.V., SMC, Phildar und Stylecraft Yarns danke ich ebenfalls, denn ohne Eure schönen Garne und Materialien wären diese Amigurumis niemals Wirklichkeit geworden.
- Und zum Schluss danke ich Christel Krukkert, Tessa van Riet und Kim Poelwijk, da Ihr mich ständig motiviert und inspiriert.

Welche Abenteuer kann DenDennis noch erleben?

Teilt Eure lustigen Ideen auf

FACEBOOK.COM/DENDENNISAMIGURUMI

AUSSERDEM ERHÄLTLICH:

ISBN 978-3-7724-6373-0